Kleines hochdeutsch-plattdeutsches Wörterbuch

Hans W. Gondesen

Kleines hochdeutsch-plattdeutsches Wörterbuch

Edition Fehrs-Gilde

KARL WACHHOLTZ VERLAG

ISBN 3 529 04955 7

Karl Wachholtz Verlag, Neumünster

Vorbemerkungen

Die Fehrs-Gilde begrüßt diese von Hans W. Gondesen besorgte Bearbeitung. Damit wird das bewährte Kleine Plattdeutsche Wörterbuch (mit Regeln für die plattdeutsche Rechtschreibung) von Johannes Saß, das seit 1957 in nunmehr 16. Auflage auf dem Markt ist, jetzt auch hochdeutsch-plattdeutsch in kleiner handlicher Ausgabe vorgelegt und ist dadurch für die Suche vom hochdeutschen Wort her benutzbar geworden. Während das Wörterbuch von Saß „in erster Linie der *Schreibung* dienen" wollte, will Gondesen darüber hinaus erstens das Finden und die Auswahl des richtigen Wortes erleichtern und zweitens Hilfen bieten zum korrekten Gebrauch der plattdeutschen Sprache.

In einer Zeit, da die Verbreitung des Plattdeutschen stark rückläufig ist, machen sich auch in zunehmendem Maße Unsicherheiten und Fehler bemerkbar. Sie zeigen sich im Mündlichen und Schriftlichen vor allem bei den Konjugationsformen der starken (und schwachen) Verben, beim Gebrauch des Genus (Wortgeschlechts) und des Numerus (Einzahl und Mehrzahl); aber einen Qualitätsverlust bedeutet es auch, wenn hochdeutsche Wörter und Strukturen da verwendet werden, wo gute plattdeutsche Ausdrücke zur Verfügung stehen. Gondesen gibt deshalb bei allen Verben (Tätigkeitswörtern) die richtigen Formen und bei den Nomen (Hauptwörtern) das Geschlecht und die Mehrzahl an. In zahlreichen Fällen sind bei selteneren Wörtern noch kurze Redensarten angefügt, so daß die Verwendung des betreffenden Wortes am Beispiel verdeutlicht wird.

Was die Rechtschreibung betrifft, so sei einmal auf die bei Saß in dessen Vorbemerkungen abgedruckten Hinweise sowie auf die Regeln verwiesen. Der Grundsatz, daß „ . . . den Regeln das Bestreben innewohnt, die plattdeutsche Schreibung weitgehend dem Hochdeutschen anzugleichen", wurde auch bei Gondesen gewahrt. Im übrigen wurde einer behutsamen Weiterentwicklung und Vereinfachung Rechnung getragen, wie sie u. a. auch das Institut für niederdeutsche Sprache in Bremen vertritt. Abweichend von Saß, wurde hier auf die Verwendung diakritischer Zeichen verzichtet (Häkchen unter -e, -ö und -o), die monophthongische von diphthongischer Aussprache unterscheiden sollen. Weitgehend durchgesetzt hat sich heute auch die Schreibung von z. B. „Johr" (das Jahr) im Gegensatz zu „Jahr (Johr)" bei Saß. Das heißt: Hier folgt die Schreibung konsequenter der verbreiteten Aussprache und nicht mehr etymologischen oder anderen Überlieferungen. Dies gilt für Wörter wie „dor", „kloor", „Fohrt" usw., die bisher meist nur -a, -aa oder -ah vor -r kannten.

FEHRS-GILDE

Hamburg, im Juli 1992 *Heinrich Kahl*

Regeln für die plattdeutsche Rechtschreibung

vereinbart auf Veranlassung und unter Mitwirkung der Fehrs-Gilde am 11. 2. 1956 zu Hamburg zwischen Vertretern aus Schleswig-Holstein, aus Hamburg und aus Oldenburg.

1. Es werden nur solche Schriftzeichen verwandt, die auch im Hochdeutschen gebräuchlich sind. (Über eine mögliche Ausnahme vgl. § 7)
2. Das Auslassungszeichen (Apostroph) tritt auf
   a) bei verkürztem Geschlechtswort (an 'n Haven, 'n beten),
   b) bei Zusammenziehungen (dat kann 'k nich),
   c) gegebenenfalls zur Bezeichnung einer Überlänge (dat Huus, aber de Hüüs'), s. dazu § 13.
3. Das Dehnungs-h steht nur in solchen Wörtern, deren hochdeutsche Entsprechungen es enthalten (Stohl, Koh).
4. Endsilben werden ausgeschrieben (hebben). Auch Beugungs-t nach auslautendem t-Laut werden mitgeschrieben (ik sett, he sett't, wi sett't; ik smiet, wi smiet't). Abschleifungen werden möglichst nicht berücksichtigt (du büst).
5. Die Länge des Selbstlauts in offener Silbe wird nicht bezeichnet, es sei denn, daß die entsprechende hochdeutsche Form ein Dehnungs-h hat. Das lange i in offener Silbe wird ie geschrieben, sofern nicht im Hochdeutschen einfaches i steht (Tide, Bibel).
   Die Länge des Selbstlauts in geschlossener Silbe wird durch Verdoppelung des Selbstlauts, bei i durch ie bezeichnet. Ist nach § 3 ein Dehnungs-h zu setzen, so entfällt die Verdoppelung (Straat, Straten, Hahn, Höhner).
   Auch die Umlaute ö und ü unterliegen der Verdoppelung; ä kann verdoppelt werden (de Bööm, de Schüün, dääglich, däglich).
7. Bei der Unterscheidung von einlautigem und zweilautigem e bestehen folgende Möglichkeiten:
   a) keine Unterscheidung (Deel = Diele, Deel = Teil),
   b) ä für das einlautige e (Däl bzw. Dääl = Diele, Deel = Teil),
   c) ę für das einlautige e (ęl = Diele, Deel = Teil).
   Auch bei der Unterscheidung von einlautigem und zweilautigem ö bestehen 3 Möglichkeiten:
   a) keine Unterscheidung (Köök, gröön),
   b) einlautiges ö wird oe geschrieben (Koek, aber gröön),
   c) einlautiges ö wird ǫ̈ geschrieben (Kǫ̈k, aber gröön).
8. In kurzen, wenig betonten Wörtern und in unbetonten Nachsilben unterbleibt die Verdoppelung (blot = nur, aber bloot = nackt, dar, dal, för, gar, los, mal, ok, vör, ut, -bar, -sam, -dom), ebenso in en als Geschlechtswort.

9. Das auslautende volltonige e wird, falls es nicht durch ein -h als lang bezeichnet wird, verdoppelt (Snee, dree, Snackeree).
10. Kürze des Selbstlautes wird durch Verdoppelung des nachstehenden Mitlauts bezeichnet, falls nicht eine Mitlautverbindung folgt (Katt, Kopp, Snack, gramm, Küll, Hoff). Die Beugungsendung wird dabei nicht dem vorhergehenden Mitlaut zugerechnet (du bliffst, he gifft).
11. Bei kurzen, wenig betonten Wörtern tritt die Verdoppelung nicht ein (af, as, al = schon, bet, bün, dit, ik, sik, op, wat).
12. d und t, g und ch im Auslaut richten sich in der Schreibung nach dem Hochdeutschen (goot, root, Bruut, Tiet, Bett, Gott, aber Kind, Kleed, Hund, Dag, Tog, weg).
13. Auf Überlänge eines Selbstlauts folgt weicher Mitlaut. Die Überlänge kann durch einen Apostroph noch verdeutlicht werden (in 'n Huus', de Duuv', de Lüüd', Weeg' = Wiege).
14. Anlautendes v oder f entspricht dem Hochdeutschen (vör = hd. vor, för = hd. für, aber nach allgemeinem Schreibgebrauch Voss = hd. Fuchs).
15. Der stimmhafte v/b-Laut wird, wenn er als Reibelaut gesprochen wird, v, wenn es als klares b gesprochen wird, b geschrieben (leven/leben). Die Schreibung f oder v im Auslaut richtet sich nach der Aussprache (Wief = einfache Länge, de Leev' = Überlänge).
16. w steht nur im Anlaut (Water, swemmen).
17. g und gg bleiben in der Biegung unverändert (seggen – he seggt, stiegen – he stiggt, mögen – he mag).
18. Dem verbreiteten Schreibgebrauch folgend, schreibt man nix, fix, Büx, Hex, Lex, Ext.
19. Fremdwörter schreibe man möglichst nach hochdeutscher Schreibweise.

A

Aal, m., Mz. Aal

Aale fangen, swv., pöddern, ick pödder, du -st, he -t, wi (ji, se) pöddert; Vg. wi pöddern; 2. Part. pöddert

Aal, geräuchert, Smooraal, Smuttaal

Aas, m. und s., Aas, Mz. Öös

ab, af,of

abarbeiten, sich, swv., sick afmarachen, ick marach mi af, wi maracht uns af, Vg. wi marachen; 2. Part. maracht

abblättern, swv., schelvern, 2. Part. schelvert; *sien Huut schelvert sick*

Abend, m., Avend, Mz. -en

abend, heute, vernavend, vunavend, vonavend; *he wull vunavend langskamen*

Abenddämmerung, w., Ulenflucht, Mz. -en

abends, avends

aber, aver, avers, (over), man; *man he hett dat nich daan*

Aberglauben, m., Avergloven, Höhnergloven

abergläubisch, avergloövsch

Abflußrohr, s., Götellock (Goetel-, Gööt-, Göten-), Mz. -löcker

Abfall, m., Affall, Mz. Affäll, w., Schietkraam; **flüssiger Abfall (z.B. saure Milch),** Drank

Abfalltonne, w., Affalltunn, Dranktunn, Mz. -en

Abgabe, Schatzung, Steuer, m., Schatt, Mz. -s; w., Utgift

abgestorben, trocken, dröög, dröge; *dat dröge Holt snie man rut*

Abhang, w., Liet

abnutzen, schleißen, stv., slieten, ick sliet, du slittst, he slitt, wi (ji, se) sliet; Vg. ick (he) sleet, du -st, wi (ji, se) sleten; 2. Part. sleten

Abnutzung, Verschleiß, w., Vergang

Abort, Abtritt, Toilette, s., Paddemang, Mz. -s

absolut dicht verschlossen, pottdicht, *dat is pottdicht*

Abschied, m., Afscheed, Mz. -e

abschleppen sich, zerren, swv., tasen, ick taas, du -st, he -t, wi (ji, se) taast; Vg. ick (he) taas, du -st, wi (ji, se) tasen; 2. Part. taast; swv. afslepen, ick sleep mi af, wi slepen uns af; 2. Part. sleept

Abschnitt, in einer Reihe, in einem Zug, m., Törn, Mz. -s; *in en/enen Törn*

Abseite, w., Afsiet, Mz. -sieden

abseits, afsiets

absolut, afsluut, afsluuts, partu, pattu; *dor will he pattu nix vun weten*

absonderlich, afsunnerlich

abwärts, afwarts, dal

Abwäsche, Hausarbeit, m., Süssel; *Mudder is bi to süsseln*

abwickeln, swv., ribbeln, ick ribbel, du -st, he -t, wi (ji, se) -t; Vg. ick (he) ribbel, du -st, wi (ji, se) ribbeln; 2. Part. ribbelt

abzählen, swv., afmelen, ick meel af, du -st, he -t, wi (ji, se) -t; Vg. ick (he) meel, du -st, wi (ji, se) melen; 2. Part. meelt

Abzugsgraben, m., Rünnel, Ründel, Mz. -s

abzweigen, swv., twiegen, twelen, ick twieg (tweel), du -st, he -t, wi (ji, se) -t; Vg. ick (he) twieg

(tweel), du -st, wi (ji, se) -en; 2. Part. twiegt/tweelt; *de Straat twiegt af, de Boomstamm tweelt sick*
ach, ach, och
Achse, w., Aß, Mz. -Assen
Achsennagel, w., Lüns, Löns, Mz. -en
Achsenende, m., Schinkel, Mz. -s
acht, acht, achteihn, achtig, tachentig
achtundachtzig, tachenuntachentig
ade, adjüüs, tschüüß
Adel, m., Adel
adelig, aadlig, adelig; *se sünd aadlig*
Ader, w., Ader, Mz. -n
Admiral, m., Admiral (-rol), Mz. -en
Advokat, m., Afkaat, (Afkoot), Mz. -katen
ächzen, swv., anken, ick ank, du -st, he -t; wi (ji, se) -t; Vg. ick (he) ank, du -st, wi (ji, se) en; 2. Part. ankt
Ähre des Getreides, w., Wipp, Mz. -en; w., Ahr, Mz. Ahren, Ahrn
Affe, m., Aap, Mz. Apen, w., Aapkatt, Mz. -en; *se is avers 'n Aapkatt worrn*
affig, affig, apig, aapsch
Ahle, w., Ahl, Mz. -en
ahnen, swv., ahnen, swanen, ick ahn, du -st, he -t, wi (ji, se) ahnt; Vg. ick (he) ahn, du -st, wi (ji, se) -en; 2. Part. ahnt; mi swaant, uns swaant, 2. Part. swaant
Ahnung, w., Ahnen; *mien Ahnen hett mi nich bedragen*
akkurat, akkerat, akraat, prick
Aktion, w., Akschoon, Mz. -schonen; *he is vull in Akschoon*
albern, alvern, dwallerig, kalverig, mall, mallerig, mallig, negelig, dwatsch, appeldwatsch; *snack nich so 'n dwatschen Kraam*
Albernheit, Spaß, Jux, Posse, Tollheit; m., Spijöök
alberner Mensch, m., Mallaap, Mz. -apen, m., Dalf, Mz. Dalven
albern spielen, swv., dalvern, ick dalver, du -st, he -t, wi (ji, se) -t; Vg. ick (he) dalver, du -st, wi (ji, se) -n; 2. Part. dalvert
albern lachen, swv., schracheln, ick schrachel, du -st, he -t, wi (ji, se) -t; Vg. ick (he) schrachel, du -st, wi (ji, se) -n; 2. Part. schrachelt; *wat schrachelt se do rum*
Alkoven, m., Alkoven, Alkoov, Mz. -koven; s., Kuutsbett, Kuppsbett
alle, alle, alltohoop, -hopen
alle Tage, alldaags, all Daag
Alltag, m., Alldag, Mz. -daag
alltags, alldaags
alleine, alleen, allenig
alle Zeit, allezeit, alltiet
alles, allns, allens
Allotria, Lärm, Geschrei, Unsinn, m., Hopphei, (ang. Hummelhei)
als, as; *he gung, as dat Tiet weer*
Altar, m. u. s., Altar, Altor, Altaar, Mz. -aren
alt, oolt, ole, öller, öllst; **uralt,** ooroolt, *he is de öllst; öllerhaftig*
alt, ranzig, verdorben, galsterig
Alter, das, s., Öller
Alte, der, m., Ool, Mz. Olen
Alte, die, w., Oolsch, Ollsch, Mz. -en
Altenteil, s., Olendeel; *se gaht up 't Olendeel*

altmodisch, ooltfränksch
Amboß, m., Ambolt, Mz. -en; Amboß, Mz. -bossen
Ameise, w., Miegreem, Mz. -remen; Miegemm, Mz. -en, (Ang. Pismyr)
am Ende, amenn; *du hest amenn recht*
Amt, s., Amt, Mz. Ämter
an, an, oft in Verbd. mit Verben: anbinnen, anfreten
anbinden, swv., tüdern, ick tüder, du -st, he -t; Vg. ick (he) tüder, du -st, wi (ji, se) -n; 2. Part. tüdert
Anbiß (Biß), m., Beet, Bäät
andächtig, andächtig, -e
anderer, anner; *dat weer 'n anner*
andern Tag, am, annerdaags; *dat weer annerdaags*
anderswo, annerwegens
Anekdote, w., Dööntje, Döönken, Mz. -s
Anfang, Beginn, m., Anfang, Mz. Anfäng
angeben, klatschen über einen, swv., klaffern, ick klaffer, du -st, he -t, wi (ji, se) -t; Vg. ick (he) klaffer, du -st, wi (ji, se) -n; 2. Part. klaffert
angeben, swv., klickern, plaffen, pleffen, ick klicker, du -st, he -t, wi (ji, se) -t; Vg. ick (he) klicker, du -st, wi (ji, se) -n; 2. Part. klikkert
Angeber, w., Klafferkatt, Pleffkatt, Mz. -en; *he is avers 'n Pleffkatt wurrn;* m., Prahlhans
Angebot, s., Bott, Anbott, Mz. -en
angebrannt, sangelig; *dat rüükt sangelig*
Angel, w., Angel, Mz. -n
Angelegenheit, w., Saak, Mz. Saken
angenehm, moi, moje; *dat is moi*
Anger (Wiese), m., Brink, Mz. -en
angetrunken, benüsselt; *he hett sick avers benüsselt*
angreifend, angreepsch
Angst, w., Angst, Mz. -en, auch: Ängsten; w., Bang, Mz. -en; m., Bammel
Angst haben, m., Bever, Bäver; *he hett 'n Bever dovör*
ängstlich, angsthaftig
Anker, m., Anker, Mz. -s
Ankerkettenöffnung, w., Klüüs, Mz. Klüsen, auch: *maak dien Klüsen dicht,* mach die Augen zu
Ankerwinde, s., Ankerspill, Mz. -en
Anlauf, Zulauf, m., Toloop
Anlegepfahl, m., Poller, Mz. -s
annähernd, halfwegs, -weegs
anständig, anstännig
anstatt, staats
ansteigender Weg, m., Anbarg, Mz. -en
anstellig, geschickt, anstellsch; *he is 'n anstellschen Kerl*
Anstellung, Laufbahn, Posten, auch: **Brusttuch,** m. u. s., Baantje, Bahntje, (Boontje), Mz. -s
Anstoß, Wink, Hinweis, m., Henwies, Hinwies, Mz. -en (Ang. Nys)
Anteil, Teilnahme, m., Andeel, Mz. Andelen
Antwort, w., Antwoort, Mz. Antworden
antworten, swv., antern, antwoorden, antwoorn, ick anter, du -st, he -t, wi (ji, se) antert; Vg. ick (he) anter, du -st, wi (ji, se) -n;

2. Part. antert, antwoort

Anwesen, Besitz, Aufsehen, s., Gewees (Gewääs); *he hett 'n teemlich groot Gewees, maak nich so 'n Gewees dorvun*

anzünden, swv., sangeln, ick sangel, du -st, he -t, wi (ji, se) -t; Vg. ick (he) sangel, du -st, wi (ji, se) -n; 2. Part. sangelt

Apfel, m., Appel, Mz. -n

Appetit, m., Aptiet

Apotheke, w., Afteek, Apteek, Mz. -teken

Apotheker, m., Afteker, Apteker, Mz. -s

Anzug, m., Antog, Mz. Antöög

Arbeit, w., Arbeit, Arbeid, Mz. -en, w., Maak; *dat is al in de Maak*

arbeiten, swv., arbeiten, arbeiden, ick arbeid, du -st, he -t, wi (ji, se) arbeidt; Vg. ick (he) arbeid, du -st, wi (ji, se) -en, 2. Part. arbeidt

arbeiten, flüchtig, grob zusammenheften, swv., prünen, ick prüün, du -st, he -t, wi (ji, se) -t; Vg. ick (he) prüün, du -st, wi (ji, se) prünen; 2. Part. prüünt

arbeiten, schwer, swv., knoden, ick knood, du -st, he -t, wi (ji, se) -t; Vg. ick (he) knood, du -st,wi (ji, se) -en; 2. Part. knoodt; slaven, 2. Part. slaavt; schoorwarken; schirrwarken, 2. Part. schoorwarkt; swv., marachen, ick marach mi af, du marachst di af, he maracht sick af, wi (ji, se) maracht uns (juuch, sick) af; Vg. wi marachen uns af; 2. Part. maracht

arbeiten, langsam, swv., nößeln, trödeln, ick trödel, du -st, he -t, wi (ji, se) -t; Vg. ick (he) trödel, du -st, wi (ji, se) -n; 2. Part. trödelt

arbeiten, angestrent, swv., wurachen, ick wurach, du -st, he -t, wi (ji, se) -t; Vg. ick (he) wurach, du -st, wi (ji, se) -n; 2. Part. wurach

Arbeiter, ungeschickter, m., Püttjer, Mz. -s, püttjern, 2. Part. püttjert

arbeiten, unsauber, swv., suddeln, ick suddel, du -st, he -t, wi (ji, se) -t; Vg. ick (he) suddel, du -st, wi (ji, se) suddeln, 2. Part. suddelt

Arbeitskittel, m., Buscherump, Puscherump, Mz. -en

arg, böse, schlimm, leeg, leger, *dat is leeg*

Ärger, m., Arger

ärgerlich, argerlich, belemmert; *dat is richtig belemmert*

Arm, Arm, Mz. -s

ärmlich, pulterig

armselig, auch: **dürftig, elend, kränklich,** pover

Armseligkeit, Armut, Elend, w., Povertee

Ärmel, w., Mau, Maugen, Mauven, Mz. meist -en

Armut, w., Armot

artig, oordig, orig, orrig, nürig

arten nach, slachten, slechten; *he sleiht nah ehr,* (slachten s. a. schlachten)

Art und Weise, Oort un Wies; *wat is dat för 'n Oort un Wies*

Arsch, m., Oors, Moors

Asche, w., Asch

Ascher, Aschenbecher, m., Ascher, Äscher, Mz. -s

asig, asig; *dat 's 'n asigen Kraam*

Aststelle im Holz, m., Knast, Mz. Knäst

Atem, m., Aten

Atem, außer, ut'e Puust; *wat bün ick ut de Puust kamen*

atmen, swv., aten, ick aten, du -st, he -t, wi (ji, se) atent; Vg. ick (he) aten, du -st, wi (ji, se) aten; 2. Part. atent

atmen, laut, swv., hiemen, ick hiem, du -st, he -t, wi (ji, se) -t; Vg. ick (he) hiem, du -st, wi (ji, se) -n; 2. Part. hiemt

atmen, stoßweise, svw., hachpachen, ick hachpach, du -st, he -t, wi (ji, se) -t; Vg. ick (he) hachpach, du -st, wi (ji, se) -en; 2. Part. hachpacht

auch, ok, uk

auf, op, up, op 'n, op 't, up 'n, up 't

aufblasen, sich, swv., pluustern, ick pluuster (mi), du -st (di), he -t (sick), wi (ji, se) -t (uns, juuch sick); Vg. ick (he) pluuster, du -st, wi (ji, se) -n (uns, juuch, sick); 2. Part. pluustert, uppluustern; *pluuster di man nich so up*

Auf Wiedersehen, Adjüüs

aufdringlich verlangen, swv., quengeln, ick quengel, du -st, he -t, wi (ji, se) -t; Vg. ick (he) quengel, du -st, wi (ji, se) -n; 2. Part. quengelt; *quengel nich so*

auf einmal, plötzlich, upmal, up 'n mal

aufflammen, swv., blucken, upblucken; *dat Füer bluckt noch mal up*

aufgeben, stv., upgeven, ick geev up, du giffst up, he gifft up, wi (ji, se) geevt up; Vg. ick (he) geev up, du -st up, wi (ji, se) geven up; 2. Part. upgeven

aufgeregt, hiddelig, hibbelig

aufgeschossen, lang, stakig

aufhalten, hemmen, swv., törnen, ick törn, du -st, he -t, wi (ji, se) törnt; Vg. ick (he) törn, du -st, wi (ji, se) -nen; 2. Part. törnt

Aufheben, Aufheben machen, s., Gewees, Gedöns, Weeswark; *maak nich so 'n Gewees dorvun, wat maakst du bloots för 'n Weeswark dorvun*

Aufnehmer, Aufwischer, m., Feudel, Mz. -s

aufwischen, auffeudeln, swv. feudeln, ick feudel, du -st, he -t, wi (ji, se) -t; Vg. ick (he) feudel, du -st, wi (ji, se) -n; 2. Part. feudelt

aufpassen, swv., wohrschuen, wohrschuun, ick wohrschu, du -st, he -t, wi (ji, se) -t; Vg. ick (he) wohrschu, du -st, wi (ji, se) -n; 2. Part. wohrschuut

aufputzen, swv., fliern, ick flier, du -st, he -t, wi (ji, se) -t; Vg. ick (he) flier, du -st, wi (ji, se) -n; 2. Part. fliert; *Mudder fliert (putzt) dat Sülver*

aufrecht, piel; *piel in de Luft,* stuur

aufregen, sich, swv., upregen, ick reeg mi up, du -st di up, he -t sick up, wi (ji, se) reegt uns/sick up; Vg. ick (he) reeg mi (sick) up, du -st di up, wi (ji, se) regen uns/sick up; 2. Part. upreegt; *reeg di nich up,* in de Bass kamen

Aufregung, w., Upregen; *dat geev 'n Upregen*

aufsässig, opsternaatsch, rebellsch, steersch, wrevelig

Aufsehen, Lärm, m., Larm; *maak nich so 'n Larm dorvun*

aufstehen, swv., riesen, ries up (Seemannssprache: reisen); stv., upstahn, ick stah up, du steihst up, he steiht up, wi (ji, se) staht up; Vg. ick (he) stünn up, du -st up, wi (ji, se) stünnen up; 2. Part. upstahn

Auftrag, w., Order, Mz. -s

aufweichen, swv., weken, upweken, *dat weekt up,* ick week up, du -st, he -t, wi (ji, se) weekt up; Vg. ick (he) week up, du -st, wi (ji, se) weken up; 2. Part. upweekt

aufwinden, Säcke hochwinden, swv., trietsen, trizen, ick triets, du trietst, he trietst, wi (ji, se) trietst; Vg. ick (he) triets, du -st, wi (ji, se) trietsen, 2. Part. trietst; *muttst du em so trietsen*

Auge, s., Oog, Mz. Ogen

Augenblick, m., Ogenblick, Mz. -en

Augenmaß, s., Ogenmaat

Augenglas, Brille, m., Knieper, Mz. -s, (auch: Wäscheklammer); w., Brill, Breel, Mz. -en

Augen verdrehen, rallögen, ick rallöög, du -st, he -t, wi (ji, se) -t; Vg. ick (he) rallöög, du -st, wi (ji, se) rallögen; 2. Part. rallöögt

Augen, zwinkern mit den Augen, swv., kniepögen, ick kniepöög, du -st, he -t, wi (ji, se) kniepöögt; Vg. ick (he) kniepöög, du -st, wi (ji, se) -ögen; 2. Part. kniepöögt

August-Monat, m., Aust-Maand

Auktion, w., Aukschoon, Mz. -schonen

aus, ut, ut 'n, ut 't

ausbreiten, swv., spreden, ick spreed, du -dst, he -dt, wi (ji, se) spreedt; Vg. ick (he) spreed, du -dst, wi (ji, se) spreden; 2. Part. spreedt

ausgebreitete Bettdecke, w., Spreedeek (-dääk), Mz. -deken

Ausbuchtung, Beule, w., Buul, Bulen

Ausdauer, Geduld, w., Gedüür, Gedür, **gedulden,** swv., gedüren, gedüürn, gedüür di, ick gedüür mi, du gedüürst di, he gedüürt sick, wi gedüürt uns, ji gedüürt juuch, se gedüürt sick; **geduldig,** gedürlik

ausdenken, grübeln, swv., klamüüstern, utklamüüstern, ick klamüüster, du -st, he -t, wi (ji, se) klamüüstert; Vg. ick (he) klamüüster, du -st, wi (ji, se) -n; 2. Part. -tert

auserwählen, swv. utschutern, utschotten, 2. Part. -schutert, -schottet

auseinander, utenanner, ut 'neen, voneen, **auseinandernehmen,** vuneen pulen

Ausflüchte, w., Utflucht, Mz. -fluchten, -flüchten; Mz. Fisematenten (auch: Umstände); *maak nich so 'n Fisematenten*

Ausgabe, w., Utgaav, Mz. -gaven, Utgift, Mz. en

ausgleichen, swv., utglieken (s. glieken)

ausgleiten, swv., glippen, *glipp man nich ut,* ick glipp, du -st, he -t, wi (ji, se) -t; Vg. ick (he) glipp, du -st, wi (ji, se) glippen; 2. Part. glippt

aus Glas, gläsern, glösern (gloesern)

Ausguck, Ausblick, m., Utkiek
auskundschaften, swv., utkunkeluren, *he kunkeluurt dat ut,* 2. Part. utkunkeluurt
auspumpen, swv., lenzen, *ick lenz den Keller lerrig,* du -st, he -t, wi (ji, se) lenzt; Vg. ick (he) lenz, du -st, wi (ji, se) lenzen; 2. Part. lenzt
ausreichen, langen; *dat langt, dat mutt langen*
ausrücken, flüchten, swv., utneihen (s. nähen, neihen)
Ausschelte, w., Utschell, Schell, Utschellern, Schafuder
aussehen, lauern, swv., glupen, ick gluup, du -st, he -t, wi (ji, se) -t; Vg. ick (he) gluup, du -st, wi (ji, se) glupen; 2. Part. gluupt
ausspucken, swv., spütten, qualstern, ick spütt, du -st, he -t, wi (ji, se) spütt; Vg. ick (he) spütt, du -st, wi (ji, se) -en; 2. Part. spütt
Ausspann, m., Utspann
Aussprache, w., Utspraak
ausstaffieren, swv., utstafferen, -staffeern, 2. Part. utstaffeert
Aussteuer (Hochzeit), w., Utstüür, Mz. -n
aussteuern, swv., utstüürn, *se warrt utstüürt*
ausstrecken sich, swv., alen, ick aal mi, du -st di, he -t sick, wi (ji, se) aalt uns (juuch, sick); Vg. ick (he) aal mi (sick), du -st di, wi (ji, se) alen uns (juuch, sick); 2. Part. aalt
Auswurf, m., Qualster
außer Atem, ut de Puust; *ick bün ganz ut de Puust kamen*
außen, draußen, buten, **Mädchen für Außenarbeiten,** w., Buten-, Buterdeern
äußerst, büterst, bütelst
Axt, w., Äxt, Mz. Äxen, Ext, Mz. Exen

B

Bach, m. u. w., Beek (Bääk), Mz. Beken
Bachstelze, m., Wippsteert, Wüppsteert, Blauwippsteert, Mz. -en
Back (auf dem Schiff), w., Back
Backenzahn, w., Kuus, Mz. Kusen, (auch: m., Kusen)
backen, swv., backen, ick back, du -st, he -t, wi (ji,se) backt; Vg. ick (he) back, du -st, wi (ji, se) -en; 2. Part. backt
Backofen, m., Backaven (-oven), Mz. -s
Bäcker, m., Bäcker, Mz. -s
baden, swv., baden, ick baad, du baadst, he baadt, wi (ji, se) baadt; Vg. ick (he) baad, du -st, wi (ji, se) baden, 2. Part. baadt
Bär, m., Baar, Boor, Mz. Baren, Boren
Bahre, w., Bohr, Mz. -en (Böhr)
Bake, w., Baak, Mz. Baken
bald, bald, drad, hast
balgen, sich, swv., wrangeln, ick wrangel, du -st, he -t, wi (ji, se) wrangelt; Vg. ick (he) wrangel, du -st, wi (ji, se) -n; 2. Part. wrangelt (Wrangelpott = Streithammel, wrangelig = jemand, der sich gerne balgt)
Ball, m., Ball, Mz. Bäll (auch: Tanzfest)

Balken, m., Balken, Mz. -s
Balkenwerk (Teil davon), m., Spann, Mz. -en
Bande, böse, s., Rackertüüch
Bank, w., Bank, Mz. Bänk, Banken (auch: Geldinstitut)
Bank im Boot, w., Ducht, Mz. -en
Bangbüx, m., Bangbüx, Mz. -en
bar (Bargeld), boor
Barbier, m., Balbeer, Balberer, Mz. -n, Putzbüdel
barbieren, rasieren, swv., balberen, balbeern, barbeern, ick balbeer, du -st, he -t, wi (ji, se) balbeert; Vg. ick (he) balbeer, du -st, wi (ji, se) -n; 2. Part. balbeert, *över 'n Lepel balbeern* = betrügen, übervorteilen
barfuß, barfoot, plattfoot, barft, plattbarft
barmherzig, barmhartig
Barsch, m., Boors, Mz. -
Bart, m., Boort
Base, w., Weschen, Weeschen (Wääschen), (auch: Tante) Mz. -
Bast, m., Bast
basteln, swv., klütern, ick klüter, du -st, he -t, wi (ji, se) klütert; Vg. ick (he) klüter, du -st, wi (ji, se) -n; 2. Part. klütert
Bastler, m., Klamüsterer, Klamüüsterer (klamüüstern = ausdenken)
Bauch, m., Buuk (Panz), Mz. Büük
Bauer, m., Buur, Buer, Mz. Buurn, Buern
Bauernhof, m., Buurhoff, Mz. -hööv, Buernhoff, Mz. -hööv, Buernsteed, Mz. -stääd (Landwirtschaft = Bueree)
Bauerntochter, w., Buerndochter, Mz. -döchter, Buerndeern, Mz. -deerns
Bauernvogt, m., Buurvaagt
Bau (Gebäude), m., Bu
Bauen, das, dat Buen
bauen, swv., buen, bugen, boen, ick bu, du buust, he buut, wi (ji, se) buut; Vg. ick (he) bu, du buust, wi (ji, se) -n; 2. Part. buut
Bauholz s., Holt, Mz. Hölter (auch: Wald, Holz; *wi gaht to Holt(s)*
Baum, m., Boom, Mz. Bööm
Baum, junger, m., Heester (auch: Stock), Paat, Mz. Paten
Baumkrone, m., Pull, Mz. Püll (Bäume kappen = püllen, püllt)
Baumwurzel, m., Knubben, Knupp, Mz. - (auch: Erhöhung in der Landschaft)
Baumreis, s., Ries, Mz. -en
baumeln, swv., bummeln, ick bummel, du -st, he -t, wi (ji, se) -t; Vg. ick (he) bummel, du -st, wi (ji, se) -n; 2. Part. bummelt
bearbeiten, in de Maak nehmen
Becher, m., Beker, Mz. -s
Becher für Hefe, m., Bärme, Barmbeker (auch: großes Glas voll)
Bedachung, s., Dack, Mz. Däcker, Dacken
bedächtig, sinnig
bedauernd, duursam
bedauerlich (Ang. sünn, *dat is sünn)*
bedeuten, swv., bedüden, dat bedüüdt, 2. Part. bedüüdt
Bedeutung, s., Bedüden, *dat hett keen Bedüden*
Bedingung, m. u. s., Beding, Mz. -en, *dat is mien Beding*
bedrückt, benaut, *he is benaut*

Beere, w., Beer (Bäär), Mz. Beren
Beerdigung, s., Gräffnis, Mz. -nissen, Gräff
Beet, Stückchen Land, s., Bleck, Bleek, Mz. - und Bleken, Bett, Mz. -en
Befehl, m., Befehl (Befähl), Mz. Befehlen, w., Order, Mz. -s
befehlen, stv., befehlen, ick befehl, du -st, he -t, wi (ji, se) befehlt; Vg. ick (he) befahl, du -st, wi (ji, se) befahlen; 2. Part. befahlen
begegnen, swv., begegen, ick begegen; 2. Part. begegent, bemöten, ick bemööt, du bemöttst, he bemött, wi (ji, se) bemööt; Vg. ick (he) bemött, du -st, wi (ji, se) bemötten; 2. Part. bemött
Begegnung, w., Mööt, in de Mööt
behaart, hoorig, -e
behaglich, mackelig, -e, behagen, *dat behaagt mi*
behutsam, behott
behindert, belemmert
bei, bi
Beichte, w., Bicht, Biecht
beide, beid, -e
Beifall, m., Bifall
Beil, s., Biel, Mz. -en
Beilade (Nebenfach in Truhen), w., Bilaad, Mz. Biladen
Bein, s., Been, Mz. -s
Beine, krumme, s., Schrökelbeen, Mz. -
beinahe, binah, **fast, meist,** *dat weer meist scheefgahn*
Beischlag, m., Bislag, Mz. Bislääg (auch: Raum, Kammer, Zuschlag, Beigabe)
beiseite, bisiet, bisiets (auch: daneben, abseits, zur Seite)
Beispiel, s., Bispill, Mz. -en
Beitel (Meißel), m., Betel, Mz. -s
beißen, stv., bieten, ick biet, du bittst, he bitt, wi (ji, se) biet; Vg. ick (he) beet, du -st, wi (ji, se) beten; 2. Part. beten
beizeiten, bitieden
bekannt, begäng, künnig
Bekanntmachung, Aufruf, m., Uproop, Mz. -ropen
belauern, swv., beluern, beluren, beluurn, spikeleren, -keleert, ick beluur, du -st, he -t, wi (ji, se) beluurt; Vg. ick (he) beluur, du -st, wi (ji, se) -n; 2. Part. beluurt
Beleidigung, m., Schimp
bellen, swv., bellen, *de Hund bellt,* ick bell, du -st, he -t, wi (ji, se) -t; Vg. ick (he) bell, du -st, wi (ji, se) -en; 2. Part. bellt; swv., öchen, he öcht; **kläffen,** swv., jiffeln, *de Hund jiffelt den ganzen Dag;* **Kläffer,** m., Jiffer
Belieben, Lust, Neigung, Verlangen, w., Möög, Möögde, *jeder na sien Möög*
bemitleiden, swv., barmen, *dat barmt mi*
benehmen, sich, stv., benehmen, ick benehm mi, du benimmst di, he benimmt sick, wi (ji, se) benehmt uns/sick; Vg. ick (he) benehm mi (sick), du benehmst di, wi benehmen uns; 2. Part. benahmen
bequem, gaatlich, gaadlich, komodig
Bequemlichkeit, Ruhe, m., Mack
bereit, parat, praat
Berg, m., Barg, Mz. -en
bersten, swv., basten, barsten, bas-

sen, ick bast, du -st, he -t, wi (ji, se) -t; Vg. ick (he) bast, du -, wi (ji, se) -en; 2. Part. baßt; **sich aufregen,** in de Bass kamen

Beruf, w., Profeschoon, Mz. -schonen

beruhigen, swv., begöschen, begööschen (auch: besänftigen, zureden, trösten), ick begöösch, du -st, he -t, wi (ji, se) -t; Vg. ick (he) begöösch, du -st, wi (ji, se) -en; 2. Part. begööscht

besaufen, stv., besupen, ick besuup mi, du besüppst di, he -t sick, wi (ji, se) besuupt uns (juuch, sick); Vg. ick (he) besööp mi (sick), du -st di, wi (ji, se) besöpen uns (juuch, sick); 2. Part. besapen

beschädigen, swv., ramponeren, *he hett dat ramponeert,* 2. Part. ramponeert

beschämt, kleinlaut, sliepsteerts, sliepstertig, sluck-, sluukohrig

Bescheid, m., Bescheed, Mz. -scheden, Bescheed doon = zutrinken, (Ang. Bott, *giff mi Bott* = Bescheid geben)

bescheiden, artig, höflich, nett, bescheiden, bescheden, blööd, blöde, bläödhaftig

beschnittener Eber, m., Borg, Mz. Borgen

beschwerlich, belastend, schwer, lastig

beschwindeln, swv., begriesmulen, -muult

beschränkt, tüffelig, -e, tumpig

Besen, m., Bessen, Mz. -s

Besen aus Heidekraut, m., Böhner (Boehner), Mz. -s

Besenginster, m., Braam

besser, beter

besonders, sonderbar, eigen, fein, vornehm, besonners, besünners, auch: afsünnerlich

Bestellung, Auftrag, Nachricht, s., Bestell (Ang. Bott, *giff mi Bott)*

besten am, am besten, op 't best

Besuch, m., Besöök

besuchen, swv., besöken, ick besöök, du besöchst, he besöcht, wi (ji, se) besöökt; Vg. ick (he) besöch, du -st, wi (ji, se) besöchen; 2. Part. besöcht

beten, swv., beden, ick beed, du -st, he -t, wi (ji, se) beedt; Vg. ick (he) beed, du -st, wi (ji, se) beden; 2. Part. beedt

betragen, sich, stv., bedregen, bedrägen, bedragen, ick bedraag (bedreeg) mi, du bedriggst di, he bedriggt sick, wi (ji, se) bedreegt uns (juuch, sick); Vg. ick (he) bedroog/bedröög mi (sick), du -st, wi (ji, se) bedrögen uns (juuch, sick); 2. Part. bedragen

betrüben, swv., bedröven, ick bedrööv, du -st, he -t, wi (ji, se) -t; Vg. ick (he) bedrööv, du -st, wi (ji, se) bedröven; 2. Part. bedröövt

betrübt, bedröövt, bedripst

betrügen, übervorteilen, stv., bedregen, ick bedreeg, du bedrüggst, he -t, wi (ji, se) bedreegt; Vg. ick (he) bedroog (-öög), du -st, wi (ji, se) bedrogen (-ögen); 2. Part. bedragen; swv., lackmeiern, *he hett mi lackmeiert*

Betrieb, s., Weeswark, Gewees, Mz. -wesen (Ang. Wröl), *maak nich so'n Weeswark dorvun*

Betrieb, Geschäft, m., Bedriev, Bedrief, Mz. -e
Betrug, m., Bedrug, Bedrog, Bedregeree, -rie
Betrüger, m., Bedreger, Mz. -s, Spitzboof, Mz. -boven
Betrügerei, w., Bedregeree, -rie
betrunken, duun, benüsselt, besapen
Bett, s., Bett, Mz. -en, Puuch, *in de Puuch kamen*
Bettbezug, w., Sluup, Slupp, Mz. Slupen, Sluppen, Büür, Mz. Büren
Bettstelle, freistehende, w., Leetkant, Mz. -en, Bettstell, Mz. -en
Bettstelle, eingebaut, w., Butz, Mz. -en, m., Alkaven, Mz. -s, Bettkupp (Elbm.), Bettkante = Bettschottskant
betteln, swv., beddeln, bedeln, ick beddel, du -st, he -t, wi (ji, se) beddelt; Vg. ick (he) beddel, du -st, wi (ji, se) -n; 2. Part. beddelt, bedelt; swv., snurren, ick snurr, du -st, he -t, wi (ji, se) -t; Vg. ick (he) snurr, du -st, wi (ji, se) -en; 2. Part. snurrt
Bettler, m., Beddelmann, Bedelmann, Mz. -lüüd, Snurrer, Mz. -s
beugen,swv., bögen, ick böög, du -st, he -t, wi (ji, se) böögt; Vg. ick (he) böög, du -st, wi (ji, se) bögen, 2. Part. bagen, böögt (auch: biegen, sich verformen, abbiegen, Richtung ändern)
Beule, w., Buul, Mz. Bulen
Beute, Ertrag, w., Büüt
Beutel, m., Büdel, Bütel, Büddel, Mz. -s (Ang. Paas)
bewegen, sich, swv., bewegen, ick beweeg mi, du -st, he -t, wi (ji, se) beweegt uns/sick; Vg. ick (he) beweeg mi (sick), du -st di, wi (ji, se) bewegen uns (juuch, sick); 2. Part. beweegt; swv., schaken, ick schaak, du -st, he -t, wi (ji, se) schaakt; Vg. wi schaken; 2. Part. schaken
Bewegungsfreiheit, Platz, m., Ruum, Mz. Rüüm
Beweis, m., Bewies, Mz. -en
beweisen, swv., bewiesen, ick bewies, du -st, he -t, wi (ji, se) bewiest; Vg. ick (he) bewies, du - t, wi (ji, se) -en; 2. Part. bewiest
bezahlen, swv., betahlen, ick betahl, du -st, he -t, wi (ji, se) betahlt; Vg. ick (he) betahl, du -st, wi (ji, se) -en; 2. Part. betahlt
Biber, m., Bever, Mz. -s, auch: das Zittern, *he hett 'n Bever*
biegsam, geschmeidig, smeetsch
Biegung, Krümmung, w., Böög, Mz. Bögen; Krümm, Mz. -en (Smieg = Winkelmaß)
Biene, w., Imm, Mz. -en
Bienenkönigin, w.u. m., Wieser, Mz. -s, Wies
Bier, s., Beer
Biest, s., Beest, Mz. Beester, Beesten; s., Aas, Mz. Öös, Ööster
bieten, anbieten, darbieten, geben, gefallen lassen, stv., beden, ick beed, du büttst, he bütt, wi (ji, se) beedt; Vg. ick (he) bood, du -st, wi (ji, se) boden; 2. Part. baden
Bild, s., Bild, Mz. Biller
billig, billig
bin, ich, ick bün, du büst, he is, wi (ji, se) sünd; Vg. ick weer, du -st, he weer, wi (ji, se) weren/

weern, ick bün west/wesen, du büst -, he is -, wi (ji, se) sünd -, Infinitiv: sien und wesen (s. sien)

Binde, w., Binn, Mz. -en

binden, stv., binnen, ick binn, du -st, he -t, wi (ji, se) binnt; Vg. ick (he) bünn, du -st, wi (ji, se) -en; 2. Part. bunnen

Bindfaden, m.u. s., Band, Mz. Bänner, s. Bott

Binse, w., Bees, Mz. Besen, w., Bent

Bier brauen, swv., broen, broon, bruen,ick bro, du broost, he -t, wi (ji, se) -t; Vg. ick (he) bro, du broost, wi (ji, se) broen; 2. Part. bruut, broot (auch: Wetter zusammenbrauen: *do bruut sick wat tosamen*)

Birke, w., Bark, Mz. -en

Birnbaum, m., Beerboom (Bäär-), Mz. -bööm

Birne, w., Beer (Bäär), Mz. -n

Bitte, w., Beed (Bääd), Mz. Beden, (Bäden), Bitt, Mz. Bidden

bitten, stv., bidden, ick bidd, du biddst, he biddt, wi (ji, se) bidd; Vg. ick (he) beed, du -st, wi (ji, se) beden; 2. Part. beden

bitter, schwer, leidvoll, schlimm, schmerzlich, schrecklich, bitter

bis, bit, bet, betlang, bitlang

Bischof, m., Bischop, Mz. Bischöp

bissig, beetsch

Biß, Anbiß, m., Beet (Bäät), Mz. Beten

bißchen, beten, en beten

blank, blendend weiß, blank, -e

blank reiben, swv., gniegeln, gniedeln, ick gniedel, du -st, he -t, wi (ji, se) gniedelt; Vg. ick (he) gniedel, du -st, wi (ji, se) -n, 2. Part. gniedelt

Blase, w., Blaas, Mz. Blasen

Blasebalg, m., Püüster, Mz. -s

blasen, swv., puusten, pußen, ick puust, wi puust; Vg. ick (he) puust, du -, wi (ji, se) pusten; 2. Part. puust (auch: keuchen, schnaufen, pusten)

Blatt, s., Blatt, Mz. Blääd, Bläder (Blatt vom Baum, Blatt Papier)

blättern, swv., blädern, bläddern, ick bläder, du -st, he -t, wi (ji, se) blädert; Vg. ick (he) bläder, du -st, wi (ji, se) -n, 2. Part. blädert

Blattwanze, w., Qualster

blau, blau, blaag, blage

Blei, s., Blie, Blee

bleiben, stv., blieven, blieben, ick bliev, du bliffst, he blifft, wi (ji, se) blievt; Vg. ick (he) bleev, du -st, wi (ji, se) bleven; 2. Part. bleven

bleich, bleek, bleke

bleichen, aufhellen, blinken, glänzen, swv., bleken, ick bleek, du -st, he -t, wi (ji, se) bleekt; Vg. ick (he) bleek, du -st, wi (ji, se) bleken; 2. Part. bleekt

Blech, s., Blick, Mz. -en

blind, blind, (blinne Koh), (auch: matt, ohne Glanz)

Blindschleiche, w., Sünndrang, Mz. -en

blinzeln, swv., plieren, pliern, plinken, plinkern, ick plier, du -st, he -t, wi (ji, se) pliert; Vg. ick (he) plier, du -st, wi (ji, se) -en; 2. Part. pliert, plinkögen, -öögt

blitzen, swv., blitzen, (Wetterleuchten), ick blitz, du blitzst, he -t, wi (ji, se) -t; Vg. ick (du,

he) blitz, wi (ji, se) blitzen; 2. Part. blitzt; swv., leien, 2. Part. leit., *dat leit*
Blitz, m., Blitz, Mz. -en
Block, m., Block, Mz. Blöck
blubbern, swv., blubbern, ick blubber, du -st, he -t, wi (ji, se) -t; Vg. ick (he) blubber, du -st, wi (ji, se) -n; 2. Part. blubbert
blühen, swv., blöhen, ick blöh, du -st, he -t, wi (ji, se) -t; Vg. ick (he) blöh, du -st, wi (ji, se) -en; 2. Part. blöht
Blüte, w., Blööt, Mz. Blöten
Blume, w., Bloom, Mz. Blomen, s., Blöömken (kleine Blume), Mz. -s
Blumenstrauß, m., Blomenstruuß, Mz. -strüüschen, m., Rükelbusch, Mz. -büsch
Blut, s., Bloot
Blutegel, m., Iel, Mz. Ielen
bluten, swv., blöden, ick blööd, du blöddst, he blöddt, wi (ji, se) blöödt; Vg. ick (he) blööd, du -st, wi (ji, se) blöden, 2. Part. blödd
blutig, blödig
Bock, m., Bock, Mz. Böck, Buck, Mz. Bück
Bock, Schemel, Hocker, m., Hüker, Mz. -s
bockig, buckig, muulsch, nücksch, opsternaatsch
Boden, m., Boden, Bodden; m., Grund, Mz. Grünn, *dat gah ik op den Grund,* im Grunde: in 'n Grunn
Boden eines Topfes, m., Baam, *de Baam is twei*
Boden, Kaffeesatz, (Ang. Grums)
böse, böös s., gramm, wreed, wredig, eisch
Bande, böse, Rackertüüch
böser Mann, m., Bumann
Bogen, m., Bagen, Mz. -s
Bohle, w., Bahl, Mz. -en, Deel (Dääl), Mz. Delen
Bohne, w., Bohn, Mz. -en
Bohrer, w. u. s., Bohr, Mz. -en
bohren, swv., bohren, ick bohr, du -st, he -t, wi (ji, se) bohrt; Vg. ick (he) bohr, du -st, wi (ji, se) -en; 2. Part. bohrt
Bollwerk, s., Bollwark
Bolzen, m., Bolten, Mz. -s
Bolzen, kleiner, Splint, m., Splint, Mz. -en
Boot, w. u. s., Boot, Mz. Bööt
Bordell, m., Horenkasten
Borke, Rinde, w. u. s., Bork, Mz. -en
Borste, w., Böst, Mz. Bössen, Borst, Mz. Bossen
Bort im Schrank, s., Boort, Mz. Börder, Böör, Borden
boßeln, swv., boßeln, ick boßel, du -st, he -t, wi (ji, se) -t; Vg. ick (he) boßel, du -st, wi (ji, se) -n; 2. Part. boßelt
Boßelspiel, s., Klootscheten
Botenfrau, w., Baadfru, -fro, Mz. -fruuns, -frugens, -froons
Botengang, m., Badengang, Mz. -gäng
Bottich, Zuber, Waschfaß, aber auch: Zapfen, Pflock, m., Tubben, Mz. -s
Brache, w., Braak
Brackwasser, s., Brackwater, (-woter), Brack, Braak = Deichbruchstelle
Brand, Schadenfeuer, Brandwunde, Trunkenheit, m., Brand,

Mz. Brännen, *he keem mit'n groten Brand tohuus*

Brand setzen, in, swv., sangeln, ick sangel, du -st, he -t, wi (ji, se) sangelt; Vg. ick (he) sangel, du -st, wi (ji, se) -n; 2. Part. sangelt

Branntwein, m., Brammwien, Branntwien

braten, swv., braden, ick braad, du -dst, he -t, wi (ji, se) braadt, Vg. ick (he) braad, du -dst, wi (ji, se) braden, 2. Part. braadt

Bratwurst, w., Braatwust, Mz. -wüst

braun, bruun, brune

Brause, w., Bruus, Mz. Brusen

brausen, rauschen, aufbrausen, schäumen, swv., brusen, ick bruus (op), du -t, he -t, wi(ji, se) -t; Vg. ick (he) bruus, du -t, wi (ji, se) brusen; 2. Part. bruust

brauchen, gebrauchen, benutzen, benötigen, swv., bruken, ick bruuk, du bruukst, wi (ji, se) bruukt; Vg. ick (he) bruuk, du -st, wi (ji, se) bruken; 2. Part. bruukt

brauen, Bier, swv. broen, broon, bruen, 2. Part. broet, broot, bruut (auch: zusammenbrauen eines Wetters, *do bruut sick wat tosamen*)

Braut, w., Bruut, Mz. Brüüd, Bruten

Bräutigam, m., Brögam, Brüdigam, Mz. -s

Brautleute, Mz. Bruutlüüd

brav, fraam, frame

brechen, stv., breken, ick breek, du brickst, he brickt, wi (ji, se) breekt; Vg. ick (he) brook/ bröök , du -st, wi (ji, se), broken/bröken; 2. Part. braken

Brei, m., Bree, Brie, Papp, Papps, Pams

breiig, pappig, pampig

breit, breet, brede

Breite, w., Breed, Brede, Mz. Breden

breiten, ausbreiten, swv., breden, ick breed, du -st, he -t, wi (ji, se) breedt; Vg. ick (he) breed, du -st, wi (ji, se) breden; 2. Part. breedt

Bremse (Dasselfliege), w., Brems, Mz. -en (Bröms)

Bremse, Stopper, w., Brems, Mz. -en

bremsen, swv., bremsen, ick brems, du -t, he -t, wi (ji, se) bremst; Vg. ick (he) brems, du -t, wi (ji, se) -en; 2. Part. bremst

brennen, swv., brennen, *dat brennt*

Brennessel, w., Brennettel, Mz. -n

Brett, s., Brett, Mz. Breed, Breder (Brääd), auch: *he hett 'n Brett vör'n Kopp* = begriffsstutzig, *en Steen in 'n Brett hebben* = gut angeschrieben sein, *up 't Brett betahlen* = bar bezahlen

Brief, m., Breef, Mz. Breeven

Brille, w., Brill, Mz. -en

bringen, stv., bringen, ick bring, du -st, he -t, wi (ji, se) bringt; Vg. ick (he) bröch, du -st, wi (ji, se) -en; 2. Part. bröcht

Brise, w., Bries, Mz. Briesen

Brombeere, w., Brummelbeer, Brommelbeer, Mz. -beren

Brot, s., Broot, Mz. Brööt, *he is in Arbeid un Broot;* **Schwarz-, Roggenbrot,** s., Groffbroot, Swart-, Swattbroot, **Weißbrot,**

Wittbroot, Fienbroot, Mz. -brööd

Brot gersteln, swv., gasseln, gesteln, ick gassel, du -st, he -t, wi (ji, se) -t; Vg. ick (he) gassel, du -st, wi (ji, se) -n; 2. Part. gasselt, gastelt

Brotkante, m., Knuust, Mz. Knüüst

Bruchzahl, w., Bröök, Mz. - (Bröök auch: Brüche, Strafe, Deichbruchstelle)

Bruch(land), m. u. s., Brook

Bruder, m., Broder, Mz. Bröder

Brücke, w., Brüch, Brügg, Mz. Brüchen, Brüggen

Brücke, kleine, m., Steg, Mz. Steeg

brühen, abbrühen, swv., bröhen, ick bröh, du -st, he -t, wi (ji, se) bröht, Vg. ick (he) bröh, du -st, wi (ji, se) -en; 2. Part. bröht

brüllen, swv., brüllen, bölken, roren, schreen, schrien, (Ang. schroln, *de Köh' schrolt*), ick brüll, du -st, he -t, wi (ji, se) -t; Vg. ick (he) brüll, du -st, wi (ji, se) -en; 2. Part. brüllt; ick roor, du -st, he -t, wi (ji, se) -t; Vg. ick (he) roor, du -st, wi (ji, se) roren; 2. Part. roort

brüten, swv., bröden, ick brööd, du -st, he -t, wi (ji, se) -t; Vg. ick (he) brööd, du -st, wi (ji, se) bröden; 2. Part. bröödt, brött; *de Goos bröödt*

brünstig, bramsig, bramstig, lööpsch, ossig, *de Koh is ossig;* brüllsch, *de Sööch (Söög) is brüllsch*

brummen, swv., brummen, ick brumm, du -st, he -t, wi (ji, se) brummt; Vg. Ick (he) brumm, du -st, wi (ji, se) -en; 2. Part. brummt

Brunnen, m., Soot, Mz. Sööd, Born, Mz. Borns

Brust, w., Bost, Boss, Borst

Buch, s., Book, Mz. Böker

Buchdrucker, m., Bookdrücker, Mz. -s

Buchstabe, m., Bookstaav (stoov), Mz. -staven

buchstabieren, swv., bookstabeeren, -beern, ick bookstabeer, du -st, he -t, wi (ji, se) -t; Vg. ick (he) bookstabeer, du -st, wi (ji, se) -n; 2. Part. bookstabeert

Buche, w., Böök, Mz. Böken

Buchecker, w., Bookecker, Mz. -n

Bucht, w., Bucht, Mz. -en

Buchweizen, m., Bookweten, -weet

Buckel, m., Puckel, Mz. -s

Bude, w., Bood, Mz. Boden

bücken, sich bücken, sich verneigen, swv., bücken, ick bück mi, du -st di, he -t sick, wi (ji, se) bückt uns (juuch, sick); Vg. ick (he) bück mi (sick), du -st di, wi (ji, se) -en uns (juuch, sick); 2. Part. bückt

Büchse, Hülse, Flinte, w., Büß, Buß, Boß, Mz. Büssen, Bussen, Bossen

Bügel, m., Bögel, Mz. -s

bügeln, plätten, swv., plätten, ick plätt, du -st, he -, wi (ji, se) -; Vg. ick (he) plätt, du -st, wi (ji, se) -en; 2. Part. plätt

Bügeleisen, s., Plättiesen, Mz. -s

Bürste, w., Böst, Mz. Bössen

bürsten, swv., börsten, borsten, bössen, ick bößt, du -t, he -t, wi (ji, se) -t; Vg. ick (he) böß, du -t, wi (ji, se) bösten; 2. Part. bößt

Büschel, m., Bult, Bulten, Bolt, Mz. Bült, Bülten, m., Kluuster, Mz. -s
Bug des Schiffes, m., Boog
Buhne, w., Stack, Mz. -en
Bulle, m., Bull, Mz. -en
bummeln, swv., bummeln, ick bummel, du -st, he -t, wi (ji, se) bummelt; Vg. ick (he) bummel, du -st, wi (ji, se) -n; 2. Part. bummelt
Bund (Liga), m., Bund, Mz. Bünnen
Bund (Garbe), w., Garf, Garv, Mz. Garven, Bund, Mz. Bünnen
Bund, kleines (auch Schlittschuh), m., Schövel, Mz. -s
Bündel, s., Pack, Mz. -en
bunt, bunt
Burg, w., Borg, Mz. -en
Bürger, m., Börger, Mz. Börgerslüüd
Bürge, m., Börg, Mz. Börgen
Bürgschaft, w., Börgschop
Burgunderwein, Burgunner
Bursche, m., Burß, Mz. -en, Buß, Mz. Bussen
Busch,m., Busch, Mz. Büsch
Busen, m., Bossen, Bussen, Mz. -s (s. Brust)
Butt (Fisch), m., Butt, Mz. Bütt
Butter, w., Botter
buttern, swv., bottern, *dat bottert nich,* ick botter, du -st, he -t, wi (ji, se) -t; Vg. ick(he) botter, du -st, wi (ji, se) -n; 2. Part. bottert; karnen, ick karn, du -st, he -t, wi (ji, se) -t; Vg. ick (he) karn, du -st, wi (ji, se) -en; 2. Part. karnt
Buttermilch, w., Bottermelk, Karnmelk
Butterfaß, s., Botterfatt, Mz. -fööt
Butterbrot, s., Botterbroot, -brood, Mz. -brööd

C

Chaussee, w., Schossee, Mz. -n
Chef, Meister, m., Baas, Mz. Basen, Meister, Meester, Mester, Mz -s
Christ, m., Christ, Krist
Christenmensch, m., Kristenminsch, Mz. -en
Christkind, Weihnachtsmann, m., Kindjees, Wiehnachtsmann
Chronik, w., Kröönk, Mz. -en

D

da, dor (örtlich), do (zeitlich)
Dach, s., Dack, Mz. Däcker, Dakken
Dachfenster, s., Dackfinster
Dachluke, w., Dackluuk, Mz. -luken, **Dachpfanne,** w., Dackpann, Mz. -en
Dach, Querbalken, s., Hahnholt, m., Hahnenbalken
Dachboden, Zimmerdecke, m., Böhn (Boehn), Mz. -s
Dachfirst, m., Fast, Mz. Fassen, Föst, Mz. Fössen
Dachtraufe, w., Öös, Öösch (undichte Stelle = s., Leck, Mz. -en)
dämmern, swv., schummern, 2. Part. schummert, *dat schummert all*
dämmerig, schummerig

Dämmerung, w., Schummeree, s., Tweedüüster; s., Haallicht; w., Schummertiet, Mz. -tieden
Dämmerstunde, w., Schummerstünn
Däumling, Walm, m., Hökel, Mz. -s
dänisch, däänsch
dahintraben, zuckeln, gemächlich/mühsam gehen, swv., sukkeln, ick suckel, du -st, he -t, wi (ji, se) suckelt; Vg. ick (he) sukkel, du -st, wi (ji, se) -n; 2. Part. suckelt
damals, do, dunn, domals, dunntomaal, -malen
Damm, m., Damm, Mz. Dämm
Dame, w., Daam, Mz. Damen
Dampf, Rauch, m., Damp, m., Bradden
dampfen, swv., dampen, ick damp, du -st, he -t, wi (ji, se) -t; Vg. ick (he) damp, du -st, wi (ji, se) -en; 2. Part. dampt
Dampfer, Dampflokomobile, m., Damper, Mz. -s
daneben, bito, bilang, bisiet
Dank, m., Dank, besten Dank
dankbar, dankbor
dann, denn, dunn, do
das, daß, dat
Dasselfliege, w., Brems, Mz. -en
Dauer, w., Duur, Duer
Dauerapfel, m., Wohrappel, Mz. -s
Daumen, m., Duum, Dumen, Mz. -s
Daune, w., Duun, Mz. Dunen
dazu, überein, överto, *do keem ik grad noch överto*
Decke, Bettdecke, Wolldecke, Zimmerdecke, w., Deek, Mz. Deken, Dek, Dääk
Deckel, Buchdeckel, Topfdeckel, m., Deckel, Mz. -s, (übertragen: *wat op'n Deckel kriegen*)
Deich, m., Diek, Mz. -en
deichen, swv., dieken, ick diek, du -st, he -t, wi (ji, se) -t; Vg. ick (he) diek, du -st, wi (ji, se) -en; 2. Part. diekt
Deichbruchstelle, s., Brack, Bröök
Deichdurchfahrt, Scharte, Scherbe, s., Schoort, Mz. Schoorten
Deichkante, Straßenrand, Kante, w., Berm, Barm
Deichsel, m., Dießel, Dissel, Mz. -s
dein, dien
Delikatessenhändler, m., Keeshöker, Mz. -s
Demut, Unterwürfigkeit, w., Demoot, Demot
demütig, demödig
den, den, densülvigen
denn, dann, denn
denken, stv., denken, ick denk, du -st, he -t, wi (ji, se) -t; Vg. ick (he) dach, du -st, wi (ji, se) -en; 2. Part. dacht; (auch: nachdenken, überlegen, sich erinnern, meinen), *mi dünkt, mi dücht*
dengeln, swv., dengeln, ick dengel, du -st, he -t, wi (ji, se) -t; Vg. ick (he) dengel, du -st, wi (ji, se) -n; 2. Part. dengelt (Sense schärfen)
der, die, den, de
deuten, swv., düden, ick düüd dat so, du -st, he -t, wi (ji, se) düüdt; Vg. wi düden; 2. Part. düüdt; (auch: auslegen, erklären, hinweisen auf)
deutlich, klar, düütlich

deutsch, düütsch
Deutschland, Düütschland
dich, dir, di
Dicke, die, w., Dickde, Dicke
dickfellig, dreist, phlegmatisch, dickdreevsch, -dreefsch
Dickkopf, Trotzkopf, m., Dickkopp, Mz. -köpp
dick tun, aufspielen, swv., dickdoon (s. tun)
Dieb, m., Deef, Mz. Deev, Spitzboov, Mz. -boven
Diele, m., Deel, Mz. Delen
Diemen, Heu-, Strohhaufen, m., Diem, Diemen, Mz. Diems (Ang. His, *en His setten)*
dienen, swv., denen, ick deen, du -st, he -t, wi (ji,se) deent; Vg. ick (he) deen, du -st, wir (ji, se) denen; 2. Part. deent
Diener, Bediensteter, m., Dener, Mz. s
Dienstmädchen, w., Deenstdeern, Mz. -s
Dienstboten, Deensten
dienstfrei, deenstfrie (-free)
Dienstjahr, s., Deenstjohr, Mz. -en
dies, dit, dütt
dieser, disse, dis, düsse, düs
Dienstag, Dingsdag, dingsdaags
Ding, Sache, s., Dings, Mz. Dinger
Dinge, Sachen ohne Bedeutung, Kraamstücken
Dinge, unnütze, Snurrpieperee, Mz. -n
Distel, w., Distel, Diessel, Dietsel, Mz. -n
doch, gerade, jüst, just
Docht, glimmender, m. u. w., Öös, Ösel
Doktor, m., Dokter, Mz. -s, (Arzt)
Dolch, Messer, s., Pook, Mz. Poken; Meß, Metz, Mz. Messers
Dom, m., Doom
Donner, m., Dunner, Dunnerslag, Mz. -slääg
Donnerstag, Dunnersdag, dunnersdags
Donnerkeil, m., Blitzsteen, Mz. -s
doppelt, dubbelt, duppelt
Dorf, s., Dörp, Mz. -er
Dorn, Hecke, m., Doorn, Mz. -s
Dorsch, m., Dösch, Dörsch, Mz - und -en
Dose, w., Doos, Mz. Dosen
dösen, geistesabwesend sein, swv., dösen, ick döös, du -st, he -t, wi (ji, se) dööst; Vg. ick (he) döös, du -t, wi (ji, se) dösen; 2. Part. dööst
Dotter, Eidotter, s., Dotter, Mz. -s
Drachen, m., Draken, Draak, Mz. -s
drängen, swv., drammen, ick dramm, du -st, he -t, wi (ji, se) drammt; Vg. wi drammen; 2. Part. drammt; swv., drängen
drangvoll, drang, drangen vull
Draht, m., Draht (Droht), Mz. Dröhd (Droehd); m. u. w., Wier, Wierdraht
draufgängerisch, briemsch, drieversch
Draufgänger, m., Driever, Mz. -s
draußen, buten, *buten de Dööр* (auch: außerhalb)
Drechsler (auch: Kurbel), m., Dreiher; m., Blockdreiher, Mz. -s
Dreck, m., Dreck, Dreckskirl, -keerl
dreckig, dreckig, -e
drehen, wenden, verändern, swv.,

dreihen, dreien, ick dreih, du -st, he -t, wi (ji, se) -t; Vg. ick (he) dreih, du -st, wi (ji, se) dreihen; 2. Part. dreiht
Drehorgel, m., Dudelkasten, Nuddelkasten, -kassen
drei, dree
Dreibein, m., Dreebeen, Dreefoot
Dreieck, s., Dree-eck
Dreifuß, m., Dreefoot, Mz. -fööt
drei Beinen, mit, dreebeent
dreikantig, dreekantig, auch: *he flog dreekantig ut de Döör*
drei Spitzen, mit, dreetimpt
dreist, driest, drook
dreißig, dörtig, döttig
dreizehn, dörteihn, dötteihn
Dreiviertel, dreiviertel, Dree-. dreeveddel, -viddel
dreschen, swv., döschen, ick dösch, du -st, he -t, wi (ji, se) döscht; Vg. ick (he) dösch, du -t, wi (ji, se) -en; 2. Part. döscht
Dreschmaschine, m., Döschkassen; w., -maschien; m., Meihdöscher = Mähdrescher
Dreschflegel, m., Flögel (Floegel), Mz. -s (auch: Flegel, Wimpel am Mast)
drinnen, binnen, dat binnerst (binnelst)
dritte, drütt, drüdde
Drittel, s., Drüddel
dröhnen, swv., dröhnen, dat dröhnt; 2. Part. dröhnt
drohen, androhen, warnen, swv., drauhen, drohen, ick droh, du -st, he -t, wi (ji, se) -t; Vg. ick (he) droh, du -st, wi (ji, se) -en; 2. Part. droht
drollig, drullig, nürig
Drossel, w., Droßel, Drossel, Draußel, Mz. -n
drücken, pressen, drucken, swv., drücken, ick drück, du -st, he -t, wi (ji, se) -t; Vg. ick(he) drück, du -st, wi (ji, se) -en; 2. Part. drückt, (auch: knutschen, knuutscht)
drucken, swv., drucken, s. wie drücken; swv., printen, ick print, du -st, he -t, wi (ji, se) print; Vg. ick (he) print, du -st, wi (ji,se) -en; 2. Part. print
du, du
Duft, Geruch, m., Ruch, Ruuch, Röök
Duftwasser, Rüükwater
dumm, einfältig, ärgerlich, dumm, däämlich, dösig, doof, rammdösig
Dummkopf, Schwätzer, m., Dummbüdel, Dummerjahn, Döösbaddel, w., Dummsnuut
dummer Mensch, m., Döösbartel, -baddel, Dööskopp
Düne, w., Düün, Mz. Dünen
dunkel, düüster
dunkel, sehr, stock-, balkendüüster
dünken, swv., dünken, mi dünkt, mi düücht, *wat düücht di?*
dünn, schmächtig, dünn, plörig, Plöörkraam, Plöör
dürftig, plöterig, plörig, mau
dunstig, diesig
durch, dör, dörch, in Verbindung mit Zeitwörtern: stv., -bieten, swv., -brennen, swv., -dreihen, stv., -gahn, stv., -griepen, swv., -hecheln, -hekeln, swv., -kauen, swv., -kneden, swv., -lesen, swv., -neihen, swv., -schecken, stv., -slaan, -slagen, stv., -slieten,

stv., -snieden, stv., -stahn, stv., -steken, stv., -supen, swv., -walken, stv., -söken; mit Eigenschaftswörtern: -eenanner, -trappt (durchtrieben) -gahns; mit Hauptwörtern: m., -marsch, w., -reis, w., -stekeree

dürfen, swv., dörven, dörben, ick dörv, du -st, he -t, wi (ji, se) dörvt; Vg. wi dörven; 2. Part. dörvt

dürr, ausgedörrt, trocken, soor, sore

Durst, m., Döst

durstig, döstig

düster, dunkel, düüster, munkelig

Dutzend, s., Dutz., Mz. -

E

Ebbe, w., Ebb, *Ebb un Floot*

ebben, ablaufen des Wassers, swv., ebben, *dat ebbt af*

eben, flach, schlicht, passend, ordentlich, gleich, gerade, eben, even, (genau so...wie: even...as)

Eber, m., Ever, Mz. -s, Hauer, Mz. -s

Eber, beschnittener, m., Borg, Mz. Börg, Borgen

echt, gut, richtig, rein, echt

Ecke, w., Eck, Mz. -en

Ecke, Winkel Spitze, w., Huuk, Huk, Mz. Huken; m., Oort, Mz. Öör, Öörd

Edelmann, m., Eddelmann, Mz. -lüüd

Efeu, s., Ieloof

egal, gleich, einerlei, egaal (egool), schietegaal, pottegaal, *dat is mi pottegaal*

Egge, w., Eeg, Mz. Egen, Egg, Mz. -en

Ehe, w., Eh, Mz. -en, Ehstand, Ehmann, Ehfru

eher, früher, ehr, ehrer

Ehre, w., Ehr (Ihr), Mz. Ehren

ehrlich, ehrlich,

Ei, s., Ei, Mz. -er

Eiche, w., Eek, Mz Eken

Eichel, w., Ecker, Mz. -n

Eichelhäher, m., Eekheckster, Heger, Mz. -s

Eichenholz, s., Ekenholt

Eichhörnchen, m., Katteker, Mz. -s; w., Eekkatt, Mz. -en; m., Eekkater

Eid, m., Eed, Mz. Eden

Eifer, m., Iever

eifrig, ieverig, ievrig

eifersüchtig, niedsch (auch: neidisch, gierig, habgierig)

eigensinnig, krötig, tweerig

Eile, w., Iel, Spood

eilen, swv., ielen, ick iel, du -st, he -t, wi (ji, se) -t; Vg. ick (he) iel, du -st, wi (ji, se) -en; 2. Part. ielt, *dat ielt nich*

eilig, ielig, drock, hild

eiligst, drievens

Eimer, m., Ammer, Emmer, Mz. -s; w., Pütz, Mz. -en

ein (als Zahlwort), een

ein (Geschlechtswort), en

einbrocken, swv., krömen, ick krööm, du -st, he -t, wi (ji,se) -t; Vg. ick (he) krööm, du -st, wi (ji, se) krömen; 2. Part. kröömt; *wat in de Melk to krömen*

eineinhalb, anderthalv, annerthalv, eenunhalv

einerlei, eendoont, egaal

einfach, eenfach, eenfoldig

einfaches, schnelles Essen, en redig Mahltiet
Einfahrt zur Koppel, s., Hecklock, Mz. -löcker, **Pfahl an der Einfahrt,** m., Heckpahl, Mz. -en
Einfall, Gedanke, Idee, m., Infall, Mz. -fäll
einfältig, doof, tutig
einfältiger Mensch, m., Dummbüdel, Dummerjahn
Einfaltspinsel, m., Döösbartel, -baddel, Dööskopp
Einfassung, s., Slengels
einfriedigen, einzäunen, swv., tünen, ick tüün, du -st, he -t, wi (ji, se) tüünt; Vg. ick (he) tüün, du -st, wi (ji,s e) tünen, 2. Part. tüünt, (aber auch: Unsinn reden = tünen, du tüünst)
Eingabe, w., Ingaav (-goov), Mz. -gaven
Eingeweide von Tieren, Mz. Kaldunen, auch: Ingedööm
einhaken, swv., ööschen, ick öösch, du -st, he -t, wi (ji, se) -t; Vg. ick (he) öösch, du -st, wi (ji, se) öschen; 2. Part. ööscht; **haken,** swv., haken, dat haakt, sick verhaken, ick haak, du -st, he -t, wi (ji, se) haakt; Vg. ick (he) haak, du -st, wi (ji,s e) haken; 2. Part. haakt
einheizen, swv., inkacheln; svw., inböten, ick bööt, du böttst, he bött, wi (ji, se) bööt; Vg. ick (he) bött, du -st, wi (ji, se) böten; 2. Part. bött
einig, verlobt, enig
einige, welk, welke, welkeen, wekke
einstmals, eens, ins, eenmal, wolleer, -ins
auf einmal, ensenweg
einmischen, sich, swv., mengeln, sick inmengeln, ick mengel, du -st, he -t, wi (ji, se) mengelt; Vg. wi mengeln; 2. Part. mengelt; swv., **vermischen, vermengen,** mengeleren, -leert
einschlafen, stv., inslapen, ick slaap (in), du slöppst (in), he slöppt (in), wi(ji, se) slaapt in; Vg. ick (he) sleep, du -st, wi (ji, se) slepen; 2. Part. inslapen; swv., druseln, indruseln
einschmeicheln, swv., anköteln, he kötelt sick an, du kötelst di an, wi (ji, se) kötelt uns (sick) an; Vg. ick (he) kötel, du -st, wi (ji, se) -n; 2.part. ankötelt
einschrumpfen, einlaufen, swv., krimpen, ick krimp, du -st, he -t, wi (ji, se) krimpt; Vg. ick (he) krimp, du -st, wi (ji, se) -en; 2. Part. krimpt
einschüchtern, swv., schocken; 2. Part. schockt
Einsicht, w., Insicht, Mz. -en
Eintagsfliege, w. u. s., Gnitt, Mz. Gnidden (Ang. Knauepann, Mz. -en)
eintauchen, antupfen, berühren, swv., stippen, ick stipp, du -st, he -t, wi (ji, se) stippt; Vg. ick (he) stipp, du -st, wi (ji, se) -en; 2.Part. stippt
einzeln, enkelt, enkelde, verenkelt
Einzug, m., Intog, Mz. töög
Einwohner, m., Inwahner, Mz. -s
Eis, s., Ies
Eis, hochliegendes, s., Bollies, Buckies
Eisbahn, w., Iesbahn, Mz. -bahnen
eisig, iesig

Eisen, s., Iesen
Eiszapfen, m., Jökel, Mz. -s; Iesjökel, Iestappen
eitel, rein, lauter, eingebildet, ganz und gar, iedel
Elbe, w., Elv
elend, armselig, krank, elend, elennig (Ang. ünklig), leeg, *dat geiht mi leeg*
elf, elven, elben, ölven, *Klock ölven*
Elle, w., Ell, Eel, Mz. Elen
Ellenbogen, m., Ellbagen, Mz. -s
Elster, m., Heister, Mz. -s; Keckster
Eltern, Öllern, een Öllerndeel
empfindlich, schmerzhaft, weh doon (Ang. öhm)
Ende, s., Enn, Mz. -en, *dat dicke Enn kümmt na*
Ende, am, tenns, tinns
energisch, ekorsch, ekarsch
eng, knapp, eng, drang, drangvull, drangen
engbrüstig, amböstig
englisch, engelsch, ingelsch
entbehren, vermissen, swv., missen, 2. Part. mißt, *ick kann di nich missen*
Ente, w., Ent, Aant, Mz. -en
Enterich, m., Woort, Mz. -en
entfernen, sich, swv., sick scheren, 2. Part. scheert, aber: *wat scheert di dat* = was kümmert es dich, *he scheert sick um nix* = er kümmert sich um nichts
enthalten, zurückhalten, swv., düllen, 2. Part. düllt, *he kann sick nich düllen*
entlang, lang, *dor geiht dat lang, langs, lanks, hier geiht dat langs*
entschlüpfen, entwischen, swv., witschen, wegwitschen, ick witsch, du -st, he -t, wi (ji, se) witscht; Vg. ick (he) witsch, du -st, wi (ji, se) -en; 2. Part. witscht
entzwei, twei, tweislaan
erben, swv., arven, arwen, erwen, ick arv, du -st, he -t, wi (ji, se) arvt; Vg. ick (he) arv, du -st, wi (ji, se) -en; 2. Part. arvt
Erbschaft, w., Arvschop
Erbteil, s., Arvdeel, Mz. -delen
Erbse, w., Arf, Arft, Mz. -en
Erbsen pahlen, swv., pahlen, ick pahl, wi pahlt
Erdbeere, w., Eerbeer, Mz. -beren
Erde, w., Eer
erfinderisch, ansleegsch, anschleegsch, *he hett 'n ans(ch)leegschen Kopp*
ergreifen, stv., faatkriegen, ick krieg em faat, du kriggst -, he kriggt -, wi (ji, se) kriegt; Vg. ick (he) kreeg, du -st, wi (ji, se) kregen; 2. Part. kregen
erholen, sich, ausruhen, swv., verhalen, ick verhaal mi, du -st di, he -t sick, wi (ji, se) verhaalt uns/sick; Vg. ick (he) verhaal, du -st, wi (ji, se) verhalen; 2. Part. verhaalt
Erker, w., Utlucht, Mz. -en
erkälten, sich swv., verköhlen, ick verköhl mi, du -st di, he -t sick, wi (ji, se) verköhlt uns/sick; Vg. ick (he) verköhl, du -st, wi (ji, se) -en; 2. Part. verköhlt
Erkältung, w., Verköhln, Verköhlen
erklären, verdeutlichen, swv., verklaren, verkloren, ick verkloor di dat; Vg. ick (he) verkloor, du -st, wi (ji, se) verkloren; 2. Part. verkloort

erlauben, zulassen, swv., verlöven, ick verlööv dat, du -st, he -t, wi (ji, se) verlöövt dat; Vg. ick (he) verlööv, du -st, wi (ji, se) verlöven; 2. Part. verlöövt

Erlaubnis, w., Verlööf

Erle, w., Eller, Mz. -n

Erlebnis, Ereignis, s., Beleven

erledigt, fertig, am Ende der Kräfte, beet, *he is beet*

ermüdet, spattlahm

ermuntern, swv., vermünnern, 2. Part. vermünnert

Ernte, w., Oorn, Arnt, Aust

ernten, swv., oornen, ick oorn, du -st, he -t, wi (ji, se) -t; Vg. ick (he) oorn, du -st, wi (ji, se) oornen; 2. Part. oornt; swv., austen, ick aust, du -, he -, wi (ji, se) -; Vg. ick (he) aust, du -st, wi (ji, se) -en; 2. Part. aust

ernst, eernst

erquicken, erfrischen, swv., quikken, ick quick, du -st, he -t, wi (ji, se) -t; Vg. ick (he) quick, du -st, wi (ji, se) quicken; 2. Part. quickt, quick (adj.) = frisch, munter, lebhaft

erregt, fuchtig, *he is avers fuchtig*

erschöpft, leer, ausgepumpt, lenz, lens

erschrecken, sich, fortjagen, swv., verjagen, ick verjaag mi, du -st di, he -t sick, wi (ji, se) verjaagt uns (juuch, sick); 2. Part. verjaagt; swv., verfehren, verfeern, verfiern, *ick heff mi avers verfeert*

erschreckt, verschüchtert, *he is ganz verschüchtert*

erschrocken, (Ang. verbauselt)

Erschütterung, m., Dröhn, Mz. -s (auch: leeres Geschwätz)

erst, eerst

erstarrt (vor Kälte), verklaamt, *ick heff verklaamte Hänn*

Ertrag, Beute, w., Büüt

erwischen, zufassen, ergreifen, swv., tofaten, ick faat to, du -st, he -t, wi (ji, se) faat to; Vg. ick (he) faat, du -st, wi (ji, se) faten; 2. Part. tofaat

erzählen, swv., vertellen, ick vertell, du -st, he -t, wi (ji, se) vertellt; Vg. ick (he) vertell, du -st, wi (ji, se) -en; 2. Part. vertellt

Erzählung, Bericht, s., Vertellen

erzürnen, swv., vertörnen, vertürnen, vertöörnen, ick vertöörn mi mit di; Vg. ick (he) vertöörn mi (sick), du -st di, wi (ji, se) vertöörnen uns (juuch, sick); 2. Part. vertöörnt

erzürnt, vergrellt, vergrellde

Esche, w., Esch, Mz. Eschen

Esel, m., Esel, Mz. -s

essen, stv., eten, ick eet, du ittst, he itt, wi (ji, se) eet; Vg. ick (he) eet, du -st, wi (ji, se) eten; 2. Part. eten

essen, unappetitlich, swv., slakkern, auch: lecken, schleckern, schlenkern, schlendern

Essig, m., Etig

euch, ju, juuch, jo

euer, juun, juuchen, joon

Eule, w., Uul, Mz. Ulen

Eulenloch, s., Ulenlock, Mz. -lökker

Eulenspiegel, Ulenspegel

Euter, s., Jidder, Jüdder, Mz. -s

Exkremente, Scheet, Schääd

Ever, (Fischerboot), m., Ever, Mz. -s

F

Fach, s., Fack, Mz. -en
Faden (auch Klafter = Maß), m., Faden (Foden), Mz. -s
Fäden, Fieselwarks
Fädchen, m., Fussel, Mz. -n
Fähre, w., Fähr, Mz. -en
Fährmann, m., Fährmann, Mz. -lüüd
Fahne, kleine am Mast, m., Stanner
fahren, stv., fahren, fohren (föhren), ick fohr, du -st, he -t, wi (ji, se) fohrt; Vg. ick (he) fohr (föhr), du -st, wi (ji, se) -en; 2. Part. fohrt
fahren, schnell, swv., karjohlen, karjolen; 2. Part. karjoolt
fahren, langsam, swv., zuckeln, *he zuckelt dörch de Gegend,* ick zukkel, du -st, he -t, wi (ji, se) -t; Vg. ick (he) zuckel, du -st, wi (ji, se) -n; 2. Part. zuckelt; Zuckeldraff = -trab
Fahrensmann (Schiffer), m., Fohrensmann, Mz. -lüüd
Fahrt, w., Fohrt, Mz. -en
falsch, falsch, verkehrt
fallen, stv., fallen, ick fall, du -st, he -t, wi (ji, se) fallt; Vg. ick (he) full (füll), du -st, wi (ji, se) -en; 2.Part. fullen
falls, wenn
Falte, Runzel, w., Falt, Fool, Foll, Folde, Mz. -en, -n
falten, swv., folen, foolden, folgen, ick fool, du -st, he -t, wi (ji, se) foolt; Vg. ick (he) fool, du -st, wi (ji, se) folen; 2. Part. foolt
faltig, folerig
falzen, falten, knicken, swv., falsen, 2. Part. falst
Familie, w., Familie, Mz. -n
Familienname, m., Tonaam, Mz. -namen
fangen, stv., fangen, ick fang du -st, he -t, wi (ji, se) fangt; Vg. ick (he) fung (füng), du -st, wi (ji, se) -en; 2. Part. fungen
Farbe, w., Farv, Mz. Farven; w., Klöör, Kulöör, Mz. Klören
färben, swv., farben, farven, ick farv, du -st, he -t, wi (ji, se) farvt; Vg. ick (he) farv, du -st, wi (ji, se) -en; 2.Part. farvt
Faser, m., Fees (Fääs), Mz. Fesen
fassen, swv., faten, ick faat, du -tst, he -t, wi (ji, se) faat; Vg. ick (he) faat, du -tst, wi (ji, se) -en; 2. Part. faat
Fastnacht, Fasslaam, Fastelavend, Mz. -s
faul, fuul
faulend, gammelig, mulschig
Faust, w., Fuust, Mz. Füüst
Faust ballen, swv., knuttfüüsten, 2. Part. -füüst
Faß, s., Fatt, Mz. Fööt
Faßreifen, s. u. m., Band, Mz. Bannen
Februar, Februwoor, Februori
Feder, w., Fedder, Mz. -n
Federhalter, m., Posensteel (-stääl), Mz. -s
fegen, swv., fegen, ick feeg, du -st, he -t, wi (ji, se) feegt; Vg. ick (he) feeg, du -st, wi (ji, se) fegen; 2. Part. feegt; swv., ulen, 2. Part. uult
Fehler, m., Fehler, Mz. -s
Fehlwurf (etwa bei einer Sau), m., Bleier
Feier, w., Fier, Mz. -n

feiern, swv., fieren, fiern, ick fier, du -st, he -t, wi (ji, se) fiert; Vg. ick (he) fier, du -st, wi (ji, se) -n; 2. Part. fiert
Feierabend, m., Fieravend, Mz. -s
Feige, w., Fieg, Mz. -en
Feile, w., Fiel, Mz. -en
feilen, swv., fielen, ick fiel, du -st, he -t, wi (ji, se) fielt; Vg. ick (he) fiel, du -st, wi (ji, se) -en; 2. Part. fielt
fein, fein (in der Bedeutung von schön), fien (Gegensatz von grob)
Feind, m., Fiend, Feend, Mz. -en
Feld, s., Feld, Mz. Feller, *to Felds gahn, to Felln gahn*
Feldgrenze, Scheide, w., Scheed, Mz. Scheden
Feldstecher, m., Kieker, Mz. -s, *op 'n Kieker hebben* (= beobachten)
Feldwächter, Schütze, m., Schütt, Mz. -en
Feldweg, m., Feldweg; s., Redder, Mz. -s (Redder = Weg mit Hekken beiderseits)
Feldblume, w., Feldbloom, Mz. -blööm
Felge, w., Felg, Felge, Fellig, Mz. -en
Fell, s., Fell, Mz. -en
Fenster, s., Finster, Fenster, Mz. -n
Fensterbank, w., Finster-, Fensterbank, Mz. -bänk
Fensterhaken, m., Hasp, Mz. -en
Fensterscheibe, Fensterrahmen, w., Ruut, Mz. Ruten
Ferne, w., Feern
Fernglas, m., Kieker, Feernkieker, Mz. -s
Fernsprecher, s., Telefoon, m., Fernspreker, m., Klöönkasten
Ferkel, s., Farken, Mz. -
Ferse, w., Hack, Mz. -en, *du hast een an de Hack, sik up de Hacken setten*
fertig, erledigt sein, beet, *ick bün beet*
fertig, fardig, ferdig, trecht, torecht, redig
fest, gewiß, bestimmt, wiß, *dat is wiß*
festnehmen, verhaften, stv., fastnehmen, ick nehm fast, du nimmst -, he nimmt -, wi (ji, se) nehmt fast; Vg. ick nehm fast, du nehmst fast, he nehm fast, wi (ji, se) nehmen fast; 2. Part. nahmen, *bi 'n Krips nehmen*
Fest, s., Fest, Mz. -e
Festtag, m., Festdag, Mz. -daag
fett, fett, -e
Fett, Schmiere, s., Fett, *do hett he sien Fett;* w., Smeer (Smäär)
fetten, schmieren, swv., smeern, smeren, ick smeer, du -st, he -t, wi (ji, se) smeert; Vg. ick (he) smeer, du -st, wi (ji, se) -en; 2. Part. smeert
Fettopf, -napf, m., Fettpott, Mz. -pött
Fettwanst, Dickwanst, m., Fettbuuk (botan. auch: fette Henne)
fettig, fettig, feddig
Fetzen, Lumpen, m., Palten, Mz. -; m., Kinkel, Mz. -s (auch: Speckwürfel); m., Snippel, Mz. -s
feucht, fuchtig
feucht aufwischen, swv., feudeln, ick feudel, du -st, he -t, wi (ji, se) feudelt; Vg. ick (he) feudel, du -st, wi (ji, se) -n; 2.Part. feudelt

Feudel; m., Feudel, Feul, Mz. -s
feucht, steif gefroren, klamm
Feuer, s., Füür, Füer
Feuer anmachen, swv., Füür böten, ick blöt -, du böttst -, he bött -, wi (ji, se) bööt Füür; Vg. ick (he) bött, du -st, wi (ji, se) -en; 2. Part. bött
Feuerkieke, w., Staav, Mz. Staven
Feuerlöschgerät, Patsche, w., Patsch, Mz. -en
ficheln, swv., ficheln, fiecheln, ick fiechel, du -st, se fiechelt; Vg. ick (he) fiechel, du -st, wi (ji, se) -n; 2. Part. fiechelt
Fieber, s., Fever
fiebrig, feverig
finden, stv., finden, finnen, ick finn, du -st, he -t, wi (ji, se) findt; Vg. ick (he) funn (fünn), du -st, wi (ji, se) -en; 2. Part. funnen
Finger, m., Finger, Mz. -
Fingerspitze, m., Dopp, Mz. Döpp, Fingerdopp
Finkenwerder, Finkwarder
Fisch,m., Fisch, Mz. -
fischen, swv., ick fisch, du -st, he -t, wi (ji, se) fischt; Vg. ick (he) fisch, du -t, wi (ji, se) -en; 2. Part. fischt
Fischerei, w., Fischeree
Fischlaich, m., Kuller, Mz. Koller
Fisematenten, Ausflucht, Fisematenten, Mz. -
fix, fix (tüchtig)
flach, flack
flach, eben, einförmig, gerade, schlicht, flach, eben, even
flach pflügen, swv., falgen, falligen, felligen, ick fellig, du -st, he -t, wi (ji, se) felligt; Vg. wi felligen; 2. Part. felligt
flacher Kuchen, m., Fladen, Mz. -
Fläche, s., Flach, Mz. Flääch, Flachen (Heidefläche = Viert)
Flachs, s., Flaß, hellblonder Mensch; m., Flaßkopp
Flachs am Spinnrad, m., Wocken, Wock, Mz. -s
aus Flachs, flassen
Flagge, w., Flagg, Mz. -en
flaggen, swv., flaggen, ick flagg, du -st, he -t, wi (ji, se) -t; Vg. ick (he) flagg, du -st, wi (ji, se) -en; 2. Part. flaggt
Flame, Vlaam, Mz. Vlamen
flämisch, vlaamsch
Flandern, Flannern
Flanke, w., Flank, Mz. -en
Flapp, Lümmel, m., Flapps, Mz. Flappsen
Flasche, w., Flasch, Mz. Flaschen; Buddel, Mz. -s
Flaschenzug, w., Talje, Mz. -n
flattern, swv., flarren, fladdern, ick fladder, du -st, he -t, wi (ji, se) -t; Vg. ick (he) fladder, du -st, wi (ji, se) -n; 2. Part. fladdert
flau, matt, schlaff, flau, *mi is flau tomood*
Fleck, m., Plack, Mz. -en, -s
Fleck auf der Stirn (beim Pferd usw.), m., Bleß, Mz. Blessen
fleckig, gefleckt, plackig, spintelig
Fledermaus, w., Fladdermuus, Fleddermuus, Mz. -müüs
Fleet, Wasserlauf, s., Fleet, Mz. Fleten
Flegel, ungehobelter Mensch, m., Flegel, Mz. -s, m., Flööz, Flöötz, Mz. -en, *he is 'n groten Flööz wurrn;* **Grobian,** Knüfel, Knüvel, *he is knüfelig*
Flegel (Dresch), m., Flögel, Mz. -s;

Plegel, Döschplegel, Flegel
Fleisch, s., Fleesch
Fleiß, m., Fliet
fleißig, flietig
Flett (Raum im Bauernhaus), s., Flett, Mz. -s
flicken, ausbessern, swv., flicken, ick flick, du -st, he -t, wi (ji, se) -t; Vg. ick (he) flick, du -st, wi (ji, se) -en; 2. Part. flickt
Flicken auf dem Schuh, m., Reester, Reister, Mz. -s
Flieder, m., Fleder
Fliege, w., Fleeg, Mz. Flegen
fliegen, stv., flegen, ick fleeg, du flüggst, he flüggt, wi (ji, se) fleegt; Vg. ick (he) flöög/floog, du -st, wi (ji, se) flögen/flogen; 2. Part. flagen
Flieger, m., Fleger, Mz. -s
fließen, stv., fleten, ick fleet, du flüttst, he flütt, wi (ji, se) fleet; Vg. ick (he) flööt/floot, du -st, wi (ji, se) -en; 2. Part. flaten
flink, schnell, gewandt, flink, dalli
Flinte, Gewehr, w., Flint, Mz. -en; m., Püüster (auch: Blasebalg), Mz. -s
Flöte, w., Fleut, Fleit, Mz. -en
kurze Flöte, Pfeife, w., Fleutpiep
flöten, swv., fleuten, fleiten, ick fleut, du -tst, he -t, wi (ji, se) fleudt; Vg. ick (he) fleut, du -tst, wi (ji, se) -en; 2. Part. fleut
Floh, m., Floh, Mz. Flöh
Floß, s., Flott, Mz. Flööt
Flotte, w., Flott, Mz. -en
Flotz, frecher Mensch, m., Flööz, Mz. Flözen
flotzig, flotzig
flüchten, swv., flüchten, ick flücht, du -tst, he -t, wi (ji, se) flücht; Vg. ick (he) flücht, du -tst, wi (ji, se) -en, 2. Part. flücht
Flügel, m., Flunk, Mz. Flünken; Flögel, Mz. -s
flüstern, swv., tuscheln, ick tuschel, du -st, he -t, wi (ji, se) -t; Vg. ick (he) tuschel, du -st, wi (ji, se) -n; 2. Part. tuschelt; swv., suustern, ick suuster, du -st, he -t, wi (ji, se) -t; Vg. ick (he) suuster, du -st, wi (ji, se) -n; 2. Part. suustert
fluchen, swv., fluchen, ick fluuch, du -st, he -t, wi (ji, se) -t; Vg. ick (he) fluuch, du -st, wi (ji, se) fluchen; 2. Part. fluucht; flöken, ick flöök, du -st, he -t, wi (ji, se) -t; Vg. ick (he) flöök, du -st, wi (ji, se) flöken; 2. Part. flöökt
Flucht, Flügel, w., Flucht, Mz. -en, *de Goos hett 'n lahme Flucht (Flunk)*
Flugzeug, s., Fleger, Mz. -s
Flunder, w., Flunner, Mz. -s und -n
Flunkerei, dummes Zeug, m., Tüünkraam; **dumm reden,** swv., tünen, ick tüün, du -st, he -t, wi (ji, se) tüünt; Vg. ick (he) tüün, du -st, wi (ji, se) tünen
flusig, nachlässig, flusig
Flut, w., Floot, Mz. Floten
flutschen, schnell bewegen, swv., flutschen, *dat flutscht avers,* ick flutsch, du -t, he -t, wi (ji, se) -t; Vg. ick (he) flutsch, du -t, wi (ji, se) -en; 2. Part. flutscht
Föhre, Kiefer, w., Föhr, Mz. Föhren
Fohlen, s., Fahlen (Fohlen), Fahl, Mz. Fahlen
fordern, swv., föddern, ick födder,

du -st, he -t, wi (ji, se) -t; Vg. ick (he) födder, du -st, wi (ji, se) -n; 2. Part. föddert

Forke, w., Fork, Mz. Forken

forsch, streng, scharf, schroff, basch

Frage, w., Fraag, Mz. Fragen

fragen, swv., fragen, ick fraag, du -st, he -t, wi (ji, se) -t; Vg. ick (he) fröög, du -st, wi (ji, se) frögen; 2. Part. fraagt

fragend, fragwürdig, fraagwies

Fragerei, Nachfrage, w., Frageree

Frankreich, Frankriek

Franzose, m., Franzoos, Mz. -zosen

französisch, franzöösch, fransch (Franschspies = Giebelstube)

Fratze, Grimasse, (Ang. Trüün) *Wat treckst du för'n Trüün*

Frau, w., Fro, Fru, Mz. Froons, Fruuns, Froons-, Fruunslüüd, s., Froons-, Fruunsminsch, Mz. -en

frech, unverschämt, frech, pampig

Frechheit, w., Drookheit, Frechheit

frei, frie, free

Freiheit, w., Frieheit, w., Freeheit, Mz. -en

freien, swv., freen, frien, ick free, du -st, he -t, wi (ji, se) -t; Vg. ick (he) free, du -st, wi (ji, se) freen; 2. Part. freet, friet

Freite, w., Freet

Freitag, Friedag, Freedag, friedaags

Fresse, w., Freet (Fräät)

fressen, stv., freten, ick freet, du frittst, he fritt, wi (ji, se) freet; Vg. ick (he) freet, du -st, wi (ji, se) freten; 2. Part. freten

fremd, fremd, frömd

Fremde, die, w., Frömm, *in de Frömm*

Fremde, der, m., Frömm, Mz. Frömmen

Freude, w., Freud, Freid, Mz. -en; w. u. m., Höög, Mz. Högen

freuen, sich freuen, swv., freuen, freien, ick freu mi, du -st di, he -t sick, wi (ji, se) -t uns (juuch, sick); Vg. ick (he) freu mi (sick), du -st di, wi (ji, se) -en uns (juuch, sick); 2. Part. freut; högen, ick höög mi, du -st, di, he -t sick, wi (ji, se) -t uns (juuch, sick); Vg. ick (he) höög mi (sick), du -st di, wi (ji, se) högen uns (juuch, sick); 2. Part. höögt

Freund, m., Fründ, Mz. Frünnen

Freund, Helfer, Kamerad, m., Macker, Mz. -s

freundlich, katzenfreundlich, glier, fründjern

freundlich, nett, fründlich

Freundschaft, w., Fründschop, -schaft, Mz. -schoppen, -en

Frieden, m., Freed, Freden (Frääd)

frieren, stv., freren, ick freer, du -st, he -t, wi (ji, se) -t; Vg. ick (he) froor, du -st, wi (ji, se) froren; 2. Part. froren; auch: ick freer, du früst, he früst

frisch, gesund, wohlauf, gesund, krall, grall

friesisch, freesch

Frosch, m., Pogg, Mz. -en; Tuds, Mz. -en, Hoppetudsen, Pogggüüts

froh, fröhlich, glücklich, blied

fromm, fraam, frame

früh, fröh

früher, fröher, ehr; **einst,** maalins,

maaleens, *maaleens, do wahn en König achter de Bargen*
Frühling, w., Fröhjohrstiet, Blöhtiet, Mz. -tieden
Frühjahr, s., Vörjohr
Frühstück, w., Frohkost, Fröhkost, Fröhstück
frühzeitig, fröhtiedig, tiedig
Fuchs, m., Voß, Mz. Vöß
fuchsrot, vossig
Fuder, Fuhre, s., Foder, Föhr, Mz. Föder
Fuge, w., Foog, Mz. Fogen
fühlen, swv., föhlen, ick föhl, du -st, he -t, wi (ji, se) -t; Vg. ick (he) föhl, du -st, wi (ji, se) -en; 2. Part. föhlt
für, för, för'n, för't
Führer, Lenker, m., Leidsmann, Mz. -lüüd
Füllen, s., Fahlen, Fahl, Fohlen, Fohl, Mz. Fahlen
füllig, vüllig
fünf, fiev, **fünfte,** föffte, **fünfzehn,** föffteihn, **fünfzig,** föfftig
Fuhre, s., Foder, Mz. Föder
Fuhrmann, m., Fohrmann, Mz. -lüüd
Fuhrwerk, s., Spannwark, Fohrwark, Mz. -en, m., Waag, Mz. Wagen
fuhrwerken, fohrwarken
Fummelarbeit, w., Püselkraam
Furche, w., Föör, Mz. Fören
furchtbar, sehr, schaurig, gräßlich, gräsig, gresig
Furcht, Angst, m., Bammel (auch: Glockenspiel)
Fusseln, Fäden, s., Fieselwarks
Fuß, m., Foot, Mz. Fööt, *he is noch good tofoot(s)*
Fußboden, m., Footbodden, Footböhn, Footborrn, Mz. -s; w., Footdeel, Mz. -delen
Fußball, m., Football
Fußbank, w., Footbank, Mz. -bänk
Fußfessel (für Pferde), w., Schrökel; Mz. -s
Fußweg, Bürgersteig, m., Footpadd, -patt; im Garten: Stieg, Stiech, Mz. -en
Füßen, mit den F. zappeln, swv., tillföten, ick tillfööt, du -st, he -t, wi (ji, se) -t; Vg. ick (he) tillfööt, du -st, wi (ji, se) tillföten; 2. Part. tillfööt
futsch, futsch
Futter, s., Foder, Fudder, auch: Unterfutter für Kleidung, Türfutter, Futteral
Futtersack, m., Fodersack, Mz. -säck
füttern, swv., fuddern, fodern, ick foder, du -st, he -t, wi (ji, se) -t; Vg. ick (he) foder, du -st, wi (ji, se) -n; 2. Part. fodert

G

Gabe, w., Gaav, Mz. Gaven, auch: geistige Gaben
Gabel, w., Gavel (Govel), Mz. -n
gabeln, sich, swv., twillen, ick twill, du -st, he -t, wi (ji, se) -t; Vg. ick (he) twill, du -st, wi (ji, se) -en; 2. Part. twillt
Gabelstock, w., Tweel (Twääl), Mz. Twelen
gackern, albern kichern, swv., kakeln, ick kakel, du -st, he -t, wi (ji, se) -t; Vg. ick (he) kakel, du -st, wi (ji, se) -n; 2. Part. kakelt

gaffen, gähnen, glotzen, swv., gapen, ick gaap, du -st, he -t, wi (ji, se) -t; Vg. ick (he) gaap, du -st, wi (ji, se) gapen; 2. Part. gaapt

gähnen, swv., gapen, hojahnen, ick hojahn, du -st, he -t, wi (ji, se) -t; Vg. ick (he) hojahn, du -st, wi (ji, se) -en; 2. Part. hojahnt; (Ang. gobn)

Gang, m., Gang, Mz. Gäng, *in de Gang kamen*

Gans, w., Goos, Mz. Göös

Gänseblümchen, w., Mardelbloom, Goosbloom, Mz. -blööm

Gänserich, m., Ganner, Ganter, Mz. -s

Gänseküken, s., Gössel, Mz. -s, (Ang. Choesling)

ganz, ganz, heel, all

ganz und gar, heel un deel

ganz schwarz, gneterswart

gar, gor (gornix, gorto)

gar gekocht, goor, gore

Garbe, w., Garv, Mz. -en; m., Bund, Mz. Bünnen, (Ang. Nek, Mz. -en)

Garben zusammenstellen, swv., schocken, ick schock, du -st, he -t, wi (ji, se) -t; Vg. ick (he) schock, du -st, wi (ji, se) -en; 2. Part. schockt; swv., hocken, ick hock, du -st, he -t, wi (ji, se) -t; Vg. ick (he) hock, du .st, wi (ji, se) -en; 2. Part. hockt

Garben, zusammengestellte, w., Hock, s., Schock, Mz. -en

Garbe (Reet), w., Schoov, Mz. Schööv

Gardine, w., Gardien, Mz. -inen,

Garn (Faden), s., Goorn, Mz. -s

Garten, m., Goorn, Mz. -s

Gärtner, m., Gorner (Görner)

Gast, m., Gast, Mz. Gäst

Gastwirt, m., Kröger (Kreuger), Mz. -s

geartet, veranlagt, geschaffen, getacht, getackt

gebärden, sich, so tun als ob, swv., beern, biern, ick beer, du -st, he -t, wi (ji, se) -t; Vg. ick (he) beer, du -st, wi (ji, se) beern; 2. Part. beert

geben, stv., geven , geben (gäven), ick geev, du giffst, he gifft, wi (ji, se) geevt; Vg. ick (he) geev, du -st, wi (ji, se) geven; 2. Part geven

Gebet, s., Gebett, Mz. Gebeden

Gebiet, Bezirk, Revier, s., Rebeet, Mz. Rebeden; Rebett, Rebeit

Gebißstück vom Pferdegeschirr, w., Trens(e), (Ang. Mil)

geboren, boren, boorn, *he is boorn in Hamborg*

geboren und erzogen, tagenboren, boorn un tagen

gebrauchen, swv., bruken, ick bruuk, du -st, he -t, wi (ji, se) -t; ick (he) bruuk, du -st, wi (ji, se) bruken, 2. Part. bruukt

Gebüsch, s., Busch, Mz. Büsch

Geburt, w., Geboort, Geburt, Mz. -en

gedämpft, leise, dämpstig

gedankenlos, dömelig

Gedanke, Idee, Andenken, Gedächtnis, m., Gedanken (meist Mz.)

Gedanken, in, tiefsinnig, schwermütig, deepdenkersch, -denksch

Gedanke, törichter, w., Ruup, Mz. Rupen, *du hest Rupen in 'n Kopp*

gedeihen, swv., diehen, diegen, diehn, ick diehn, du -st, he -t, wi (ji, se) -t; Vg. ick (he) diehn, du -st, wi (ji, se) diehn; 2. Part. dieht; *de Farken diehn goot*

Getreideähre, w., Wipp, Mz. -en

gedrungen, krumm, geduckt, duuknackt

Geduld, Ausdauer, w., Gedüür, Geduur

gedulden, sich, swv., gedüren, gedüürn, geduurn, gedüür di, ick gedüür mi, du -st di, he -t sick, wi (ji, se) -t uns (juuch, sick); Vg. ick (he) gedüür mi (sick), du -st di, wi (ji, se) -n uns (juuch, sick); 2. Part. gedüürt

Geest, w., Geest

Gefäß, w., Bütt, Mz. Büdden; w., Kumm, Mz. -en und Kümm; s., Sett, Satt, Mz. -s; Fatt, Mz. -en, Fööt

Gefäß, Trinkbecher, m., Muck, Mz. -en; s., Glas, Mz. Glöös, Glääs

Gefäß, Zuber, m., Töver, Mz. -s

Gefäß zum Schöpfen, s., Öösch-fatt, Mz. -en

gefährlich, gefährlich, gefährlik

Gefängnis, m., Knast, Mz. Knäst; m., Bunker, Mz. -s; s., Kaschott, Mz. -s; *he sitt achter schwedsche Gardinen*

Gefahr, w., Gefohr, Mz. -en

gefaßt sein auf etwas, vermuten, ahnen, swv., vermoden, ick vermood, du -st, he -t, wi (ji, se) -t; Vg. ick (he) vermood, du -st, wi (ji, se) vermoden; 2. Part. vermoodt; swv., ahnen, 2. Part. ahnt

gegen, entgegen, gegen, tegen

Gegenteil, s., Gegendeel, Mz. -dele

gegenüberliegend, jenseits, güntsiet, -sietig, güntöver

gegenwärtig, opstunns

Gegend, Umgebung, Landschaft, w., Gegend, Gegen, Mz. -en

Gegend, abschüssige, Ufer, Küste, w., Schoor, Mz. Schören

gehabt, hatt, *ick heff dat hatt*

Gehänge, w., Bummelaasch (-loosch)

Gehölz, Knick, m., Hagen, Haag, Heeg, Knick

gehören, hören, *dat höört mi, dat höört sick nich*

gehörig, deger

gehen, stv., gahn (gohn), ick gah, du geihst, he geiht, wi (ji, se) gaht; Vg. ick (he) güng, du -st, wi (ji, se) -en; 2. Part. gahn

gehen, nachlässig, swv., laatschen, ick laatsch, du -t, he -t, wi (ji, se) -t; Vg. ick (he) laatsch, du -t, wi (ji, se) -en; 2. Part. laatscht

gehen, polternd, swv., klabastern, ick klabaster, du -st, he -t, wi (ji, se) -t; Vg. ick (he) klabaster, du -st, wi (ji, se) -n; 2. Part. klabastert

gehen, schlurfend, swv., slarren, slarpen, slurren, ick slarp, du -st, he -t, wi (ji, se) -t; Vg. ick (he) slarp, du -st, wi (ji, se) -en; 2. Part. slarpt

gehen, steif, stelzen, swv., staken, ick staak, du -st, he -st, wi (ji, se) -t; Vg. ick (he) staak, du -st, wi (ji, se) staken; 2. Part. staakt

Gehirn, s. u. m., Bregen

gehorchen, swv., pareern, parieren, ick pareer, du -st, he -t, wi (ji, se) -t; Vg. ick (he) pareer, du -st, wi (ji, se) pareern; 2. Part. pareert; ji hebbt to pareren (auch: gehorchen, folgen); swv., kuschen, ick kuusch, du -st, he -t, wi (ji, se) -t vör em; Vg. wi kuschen all vör em

Geige, w., Vigelien, Mz. -en; Fiedel, Mz. -n

geigen, swv., geigen, ick geig, du -st, he -t, wi (ji, se) -t; Vg. ick (he) geig, du -st, wi (ji, se) -en; 2. Part. geigt; *ick geig di watt*

Geige schlecht spielen, auch: reiben, quietschen, swv., gniedeln, gniegeln, ick gniedel, du -st, he -t, wi (ji, se) -t; Vg. ick (he) gniedel, du -st, wi (ji, se) -n; 2. Part. gniedelt

geizen, swv., giezen, ick giez, du -t, he -t, wi (ji, se) -t; Vg. ick (he) giez, du -t, wi (ji, se) -en; 2. Part. giezt

Geiz, Habgier, m., Giez, Gits

Geizhals, m., Giezknuppen, Giezkragen, Mz. -s

geizig, giezig, gnietschig, gnittschig, (Ang. nerig, närig)

gekocht, gar, goor, gore, *dat Fleesch is goor*

gekocht, steif, stampendick

gelb, geel, *de gele Kööm*

Geld, s., Geld, Mz. Geller

Geld, ohne G. sein, *he is klamm, he is klamm bi Kass*

Geld eintreiben (auch: taxieren, schätzen), swv., schatten, ick schatt, du -st, he -, wi (ji, se) schatt; Vg. ick (he) schatt, du -st, wi (ji, se) -en; 2. Part. schatt

Geldbank, w., Bank, Mz. -en

Geldbeutel, m., Geldbüdel, Mz. -s

Geldtasche, w., Knipp, Mz. -en

Geldstrafe, w., Bröök, Mz. -

gelegen kommen, topass kamen, *dat kümmt mi topass*

Gelenk, Glied, s., Lidd, Mz. Leden, Ledd

gelingen, glücken, swv., glücken, *dat hett mi glückt*

geloben, swv., laven, laben (auch: löven), ick laav, du -st, he -t, wi (ji, se) -t; Vg. ick (he) laav, du -st, wi (ji, se) laven; 2. Part. laavt

gelten, kosten, stv., gellen, ick gell, du gellst, wi (ji, se) -t; Vg. ick (he) güll, du -st, wi (ji, se) -en; 2. Part. gollen (gullen)

Gelüst, Lust, Mz. Lüsten

gemein, gemeen, gemene

Gemeinde, w., Gemeen, Mz. -den; Meende, Meen, Meenheit, Kommuun, Kommüün, Mz. -munen, -münen

Gemeinde, für sie arbeiten, swv., meenwarken, -warkt

Gemeindeland, s., Meent, Meedland

Gemüse, Mz. Gröönworen, -kraam

Gemüsehändler, m., Gröönhöker, Mz. -s

Gemüt, Sinn, s., Gemööt, Gemüt

genau, akurat, akkerat, akraat, nipp, prick, op 'n, Prick

Gendarm, m., Schandarm, Mz. -s

General, m., General, Mz. -en

Genever, m., Jannever

Genick, s., Gnick

genieren, sich, swv., scheneern, scheneren, schenieren, ick scheneer mi, du -st di, he -t sick, wi (ji, se) scheneert uns (juuch, sick); Vg. ick (he) scheneer mi (sick), du -st di, wi (ji, se) -n uns (juuch, sick); 2. Part. scheneert

genierlich, scheneerlich, schenierlich

genießen, stv., geneten, ick geneet, du genüttst, he genütt, wi (ji, se) geneet; Vg. ick (he) genoot, du -st, wi (ji, se) -en; 2. Part. genaten

Genossen, Mz. Liddmaten

genug, noog, *nu is 't avers noog*

Gepäck, Paket, Bündel, w., Pakkelaasch; s., Pack, Packen, *mit Sack un Pack*

gerade, gleich, graad, liek

geradeaus, liekuut, liekdörch

gerade, doch, jüst, *jüst in den Ogenblick keem he an*

gerade, ebenso, lieksterwelt

gerade noch, tonoot, *dat kann tonoot angahn*

geradewegs, geradezu, slankweg

geradezu, stracks

Geräte, Mz. Reedschop, Reeschop

gerben, swv., garven, ick garv, du -st, he -t, wi (ji, se) garvt; Vg. ick (he) garv, du -st, wi (ji, se) -en; 2. Part. garvt

Gerber, m., Garver, Mz. -s

Gerichtsvollzieher, m., Pannemann, Panner

gering, minn, minsten, ring (auch: *mi is ring tomoot*)

geringschätzig, minnachtig

gern, gern, geern

Gerste, w., Gassen, Gasten, Garsten

Gerste, geschälte, Schellgasten

gersteln (Brot), swv., gasseln, gasteln, gesseln, ick gassel, du -st, he -t, wi (ji, se) -t; Vg. ick (he) gassel, du -st, wi (ji, se) -n; 2. Part. gasselt

Gerte, Rute, dünn und biegsam, m., Schacht, Schecht, *du kriggst wat mit de Schecht*

Geruch, Duft, m., Ruch, Röök

geschmeidig, smiedig, -e

geschehen, ereignen, passieren, stv., schehn, schehen, dat schütt, Vg. dat scheeg; 2. Part. schehn

Geschichte, w., Geschicht, Mz. -en

geschwächt, leedweek, leedweke

Geschwätz, Unterhaltung, m., Praat, *wi harrn 'n lütt nette Praat tosamen,* Schwaller, Tüünkraam, *he is so 'n richtigen Tüünbüdel*

Geschwätz, s., Gedibber, Gedebber, m., Dröhn, Mz. -s (auch: Erschütterung)

Geschworener, m., Swoorn, Mz. -

Gesangbuch, s., Gesangbook, Salmbook, Mz. -böker

Gesamtheit, Gemeinde, w., Meende, Meen, Meenheit, Gemeen

Gesellschaft, w., Sellschop, Mz. -en

Gesellschaft, üble, w., Bagaasch

Gesicht, s., Gesicht, Mz. -er

Gesicht, Nase, Schnauze, w., Snuut, Mz. Snuten

Gespann (Pferde), s., Spann, Mz. -en

Gespann, damit arbeiten, (Feld bestellen), swv., schoorwarken, scheerwarken, ick schoorwark, du -st, he -t, wi (ji, se) -en; Vg. ick(he) schoorwark, du -st, wi (ji, se) -en; 2. Part. schoorwarkt

Gespannarbeit, w., Schirrwarkeree

Gespräch, Unterhaltung, s., Ge-

spräk, Gespreek, Mz. -e; Praat, *wi harrn en richtig nette Praat tosamen*
Gespräch, m., Snack
gesprächig, spreeksch
Gespenst, s., Spökels
Gestell, s., Stell, Mz. -en, Reck
Gestell auf dem Herd, m., Dreefoot
gestern, gestern, gistern, güstern
gestreift, strekig, strekerig
Gestrüpp, s., Wriet, Mz. Wrieden
gesund, sund, sunne, grall, krall
Getränk, dünnes, s., Plöör
Getümmel, s., Gewrögel
Gevatter, m., Vadder, Mz. -n
gewahr werden, wies warrn, wohr warrn, *dat warst du wohr (wies)*
gewaltig, klotzig, lumpsch, bannig, *he is bannig groot wurrn*
Gewehr, s., Gewehr, Scheetgewehr Mz. -en; w., Flint, Mz. -en,
Gewerbe, s., Warf (*he maakt sick en Warf* = er sucht eine Gelegenheit)
gewesen, wesen, ween (s. sein)
Gewicht (zum Wiegen), s., Loot, Mz. Lööd; s., Wicht, Mz. -en; Waag, Mz. Wagen
gewinnen, stv., winnen, ick winn, du -st, he -t, wi (ji, se) -t; Vg. ick (he) wunn, du -st, wi (ji, se) -en; 2. Part. wunnen
gewiß, fest, sicher sein, wiß, *do kannst wiß up sien*
gewissenhaft, akurat, akkerat, akraaat
Gewitter, s., Gewidder
gewittern, swv., weddern, wedern, *dat weddert*
gewöhnen, eingewöhnen, swv., wennen, *do wennst di an;* 2. Part. wendt
gewöhnt werden, sich angewöhnen, stv., anwarrn, 2. Part. anwoorn, anwarden, ansien, *do warrnst di an*
Gewohnheitsrecht, s., Settrecht, *he hett dat Settrecht up de Steed*
geworden, worrn (s. werden)
Gewühl, s., Gewöhl
Gewürz, Kraut, s., Kruut, Mz. Krüder
Giebel, m., Gevel, Mz. -s
gieren, swv., gieren, giepern, jiepern (gierig sein, gierig verlangen), ick jieper, du -st, he -t, wi (ji, se) -t; Vg. ick (he) jieper, du -st, wi (ji, se) -n
gierig, übertrieben, happig, *dat 's avers happig*
gießen, stv., geten, ick geet, du güttst, he gütt, wi (ji, se) geet; Vg. ick (he) goot (gööt), du -st, wi (ji, se) -en; 2. Part. gaten
Gießkanne, m., Geetkann, Mz. -en, Geter, Mz. -s
giftig, hinterhältig, boshaft, veniensch, verniensch
Giftschlange, w., Adder, Mz. -n; Slang, Mz. -en
Gilde, Vereinigung, (auch Brandgilde), w., Gill, Mz. -en
Gitter, s., Gadder, Gadderwark
Glanz, Schimmer, Leuchten, m., Glinster; **leuchten,** swv., glinstern; 2. Part. glinstert
Glanz, ohne, duff
glänzen, swv., blinkern, blenkern, glimmern, glinstern, schienen, *dat blinkert avers schöön*
Glas, s., Glas, Mz. Gläās, Glöös
Glas, großes G. voll, m., Barmbeker

Glaser, m., Glaser, Mz. Gläser, Glääscher
gläsern, glösern
glatt, glatt, gladde, glei
glätten, Stein zum, m., Gniedelsteen, Gniel, Mz. -s
glätten, blank putzen, reiben, swv., gniegeln, gniedeln (s. blank reiben), ick gniegel, du -st, he -t, wi (ji, se) -t; Vg. ick (he) gniegel, du -st, wi (ji, se) -n; 2. Part. gniegelt
glauben, swv., globen, gloven, glöven, ick glööv, du -st, he -t, wi (ji, se) glöövt; Vg. ick (he) glööv, du -st, wi (ji, se) -n; 2. Part. glöövt
Glauben, der, m., Gloov, Gloven
gleich, sofort, übereinstimmend, einerlei, gliek, glieks, liek
gleich, gleichartig, egaal, egool, liekveel
gleichen, stv., glieken, ick gliek, du -st, he -t, wi (ji, se) -t; Vg. ick (he) gleek, du -st, wi (ji, se) -en; 2. Part. gleken
gleichgültig, trotzdem, indessen, liekveel, schietegaal, pottegaal, *dat is mi schietegaal*
gleichwohl, liekers
gleiten, stv., glieden, ick glied, du gliddst, he gliddt, wi (ji, se) gliedt; Vg. ick (he) gleed, du -st, wi (ji, se) -en; 2. Part. gleden; flutschen, fluschen, 2. Part. flutscht
gleiten, ausgleiten, rutschen, swv., glippen, ick glipp, du -st, he -t, wi (ji, se) glippt; Vg. ick (he) glipp, du -st, wi (ji, se) -en; 2. Part. glippt
Glied, s., Ledd, Mz. Leden, Leed, Lidd
glimmen, glühen, schwelen, swv., glösen, glööstern, *dat natte Holt glööst*
glitschen, swv., hackern; 2. Part. hackert
glitzern, leuchten, glänzen, blenkern, *dat blenkert ja ornlich*
Glocke, Klingel, Schelle, (auch Uhr), w., Klock, Mz. -en. *Wat is de Klock?*
Glück, s., Glück, Lück
glücklich, glücklich, glückelk
Glücksklee, s., Kleverveer
glücken, gelingen, swv., glücken, lücken, *dat kann glücken, dat is mi nich glückt,* 2. Part. glückt
glühend, glöhnig, gleuhnig
Glut, w., Gloot
Glucke, w., Kluck, Mz. -en, Kluckhehn, Mz. -henn
gönnen, swv., günnen, gunnen, ick günn, du -st, he -t, wi (ji, se) -t; Vg. ick (he) günn, du -st, wi (ji, se) -en;2. Part. günnt; *ick günn di dat, du günnst mi nix*
Gör, s., Göör, Mz. Gören
Gold, s., Gold, Guld
golden, gollen, güllen
Goldammer, w., Geelgöösch, Mz. -en
Gosse, w., Gaat (Goot), Mz. Gaten; m., Rönnsteen, Mz. -s
Gott, m., Gott, *in Gott's Namen*
Gottesgabe, w., Gottsgaav, Mz. -gaven
gottlob, gottloff, (Fluch: gottsverdori)
Gnade, w., Gnaad, Mz. Gnaden
gnatzig, mürrisch, gnatterig, gnegelig
Grab, s., Graff, Mz. Gräver

Grab, Grube, Kuhle, w., Kuul, Mz. Kulen
grabbeln, tasten, swv., grabbeln, grawweln; 2. Part. grabbelt
graben, stv., graben, graven, ick graav, du -st, he -t, wi (ji, se) -t; Vg. ick(he) graav, groov, du -st, wi (ji, se) -en; 2. Part. graavt; swv., buddeln, 2. Part. buddelt
graben, kratzen, swv., kleien, ick klei, du -st, he -t, wi (ji, se) -t; Vg. ick (he) klei, du -st, wi (ji, se) -en; 2. Part. kleit
Graben, m., Graben, Graav (Groov), Mz. -s; Riensloot, Sloot, Mz. Sloten
Graben, kleiner, w., Grüpp, Gripp, Mz. -en
Grabenrand, m. u. s., Över, Mz. -s
Grabenschlamm, w., Gubbel
gräßlich, gräsig, gresig
Graf, m., Graaf, Mz. Grafen
Gram, Leid, m., Graam (Groom)
gram, böse, gramm, graam
Grapen, Kochtopf, m., Grapen (Gropen), Mz. -s
Grappen, Mz. Grappen, *he hett Grappen in 'n Kopp*
Gras, s., Gras, *dat Veeh löppt up Gras*
grasen, weiden, swv., grasen, *dat Veeh graast in de Wisch*
Gräte (Fisch), w., Graat (Groot), Mz. Graten
gratulieren, swv., graleern, groleern, ick graleer, du -st, he -t, wi (ji, se) -t; Vg. ick (he) graleer, du -st, wi (ji, se) -n; 2. Part. graleert
grau, grau, gries, grimmelig
grauen, swv., grugen, gruen, groen, ick gruug mi, du -st di, he -t sick, wi (ji, se) -t uns (juuch, sick); Vg. ick (he) gruug mi (sick), du -st di, wi (ji, se) grugen uns (juuch, sick); 2. Part. gruugt
Graupen, Mz. Gruben
Grausen, s., Grusen, w. u. s., Gräsen, Gresen, *do kümmt mi dat Gräsen*
Grauen,Angst,m., Grugel
grausen, schaudern, swv., gresen, gräsen, mi greest, 2. Part. greest
greifen, stv., griepen, ick griep, du grippst, he grippt, wi (ji, se) griept; Vg. ick (he) greep, du -st, wi (ji, se) grepen; 2. Part. grepen; (**Hebamme,** w., Griepsch, Mudder Griepsch)
Greifer, Häscher (auch: Greifer an einer Maschine), m., Grieper
Grenzscheide, w., Scheed, Mz. Scheden; Scheid, Mz. Scheiden; Scheel, Mz. Schelen
Grieben(schmalz), Greven, Greben, Mz. Grieven
Griff, m., Greep, Mz. Grepen
Grimasse, (Ang. Trüün, *he treckt 'n Trüün*)
grimmeln, undeutlich werden, swv., grimmeln, *dat grimmelt;* **grau, unsauber,** grimmelig
grindig, schorvig
grinsen , still vor sich hinlachen, swv., grieflachen, grifflachen (Ang. schmieln); **lächeln,** grienen, ick grien, du -st, he -t, wi (ji, se) -t; Vg. ick (he) grien, du -st, wi (ji, se) -en; 2. Part. grient
grob, groff, grantig, flotzig, brott, klotzig
Grobian, m., Flooz, Mz. Flööz; Knüfel, Knüvel, *he is'n groot Knüfel, du bist avers knüfelig*

Grobschmied, Hufschmied, m., Groffsmitt
gröhlen, lärmen, schreien, rufen, swv., gröhlen, grölen, gröhln, *gröhl doch nicht so, wat gröhlst du denn,* 2. Part., gröhlt
Größe, w., Grött, Grööt, Mz. -en
groß, groot, grote, grötter, gröttst
großes Glas voll, Barmbeker
Großmutter, w., Grootmoder, -mudder
Großvater, m., Grootvadder
großspurig, grootsporig
großziehen, aufziehen, swv., föden, fodern, upfodern (aufziehen), ick fööd, du föddst, he föddt, wi (ji, se) föödt; Vg. ick (he) fött, du -st, wi (ji, se) födden; 2. Part. fött
Grube, w., Kuul, Mz. Kulen
grübeln, swv., gruveln, klamüüstern, miemeln, ick gruvel, du -st, he -t, wi (ji, se) -t; Vg. ick (he) gruvel, du -st, wi (ji, se) -n; 2. Part. gruvelt
grün, gröön, *de gröne Rasen*
Grünfutter, s., Gröönfoder
grüßen, swv., gröten, ick grööt, du -st, he -t, wi (ji, se) gröten; Vg. ick (he) grööt, du -st, wi (ji, se) gröten; 2. Part. grööt
Grütze, w., Grütt, rode Grütt, *gah mi an de Grütt, hest denn keen Grütt in de Kopp?*
Gruus, Gruus un Muus, *ick hau di to Gruus un Muus*
Grund, im Grunde, m., Grunn, Mz. Grünn, *in 'n Grunn*
Grund suchen, um etwas zu tun, s., Warf, *he söcht sick 'n Warf, um langs to kamen* (Warf = Gewerbe)
gülden, güllen, gollen, *'n gollen Ring*
Gülle, Jauche, w., Gülle
günstig, groß, weit, ruum
Gürtel, m., Gördel, Göddel, Mz. -s
gucken, sehen, stv., kieken, ick kiek, du kickst, he kickt, wi (ji, se) kiekt; Vg. ick (he) keek, du -st, wi (ji, se) keken; 2. Part. keken
Gurgel, w., Görgel, (**Kehle,** w., Slöök, Sluuk)
gut, goot, gode, *good Nacht, goden Dag*
Gut, Landgut, s., Goot, Mz. Göder
gutmütig, gootmödig

H

Haar, s., Hoor
Haarbürste, w., Hoorböst, -börst,
Haarlocke, w., Hoorlupp, aber: *'n Hoorbüdel hebben*
haarig, horig
haben, hebben, ick heff, du hest, he hett, wi (ji, se) hebbt; Vg. ick harr, du harrst, he harr, wi (ji, se) harrn , ick heff hatt ; 2. Part. hatt; *dat harrst du wull geern, dat harrst wull hatt, he hett dat nich goot hatt, hebbt se di kregen? dat kann ick nich hebben*
Habicht, m., Haavk, Mz. Haavken
Habseligkeiten, Plunder, wertloses Zeug, w., Backbeer, Backbeermoos, Backsbeern, Plunner, Plünnen

Habseligkeiten zusammentun, *se smiet sirs Backsbeern tosamen*
Hacke, w., Hack, Mz. Hacken (s. auch Ferse), *klei mi doch an de Hack;* **schwere Hacke,** w., Twick, Mz. Twicken; **Pike, Kreuzhacke,** w., Bick, Mz. -en
Hackfleisch, s., Mett
Häcksel, s. u. m., Hackels, Hacksels; **Futter-, Häckselkiste,** Hackelskist
Händler, Krämer, m., Höker; **Laden,** m., Hökerladen
handeln, verkaufen, swv., hökern, verhökern, ick höker, du -st, he -t, wi (ji, se) -t; Vg. ick (he) höker, du -st, wi (ji, se) -n; 2. Part. hökert; *he hökert dormit rum*
Hagebutte, w., Rosenbeer, Mz. -n
Händler, Gemüse-, m., Gröönhöker, Mz. -s
Hängelippe, w., Flapp, Fliep, Mz. -en, *treck nich so 'n Flapp, Fliep*
Hängeohr, s., Sluukohr (**mutlos,** sluukohrig)
häßlich, asig, *dat is avers asig*
häufen, häufeln, swv., hüpen, ick hüüp, du -st, he -t, wi (ji, se) hüüpt; Vg. ick (he) hüüp. du -st, wi (ji, se) hüpen; 2. Part. hüüpt; Kantüffeln hüpen, *he hüüpt sien Kantüffeln*
Hafen, m., Haav (Hoov), Haven, Mz. -s
Hafer, m., Haver (Hover)
-haftig, wohrhaftig, lögenhaftig
Hahn, m., Hahn (Hohn), Mz. -s
Hahnenbalken, m., Hahnen-(Hohnen)balken
Haken, m., Haken (Hoken), Mz. -s
haken, hängenbleiben, swv., haken, ick haak, du -st, he -t, wi (ji, se) haakt; Vg. ick (he) haak, du -st, wi (ji, se) haken; 2. Part. haakt
Hainbuche, w., Häböök, Mz. -böken
halb, halv, halvig, *halvig veer*
halber Stieg, s., Halfstieg
Halbjahreszeit, w., Halfjohrstiet, -tieden
Halbpart, Halfpart, *wi maakt halfpart*
Halbschlaf, m., Dusel (auch: Schwindel)
Halbschwester, w., Kooltsüster, Halfsüster, Mz. -s
halbwegs, halfweegs
halbwüchsig, halfwussen
Halfter, s., Halfter, Mz. -s
Hals, m., Hals, Mz. Häls
halten, swv., halen, holen, ick hool, du höllst, he höllt, wi (ji, se) hoolt; Vg. ick (he) heel, du -st, wi (ji, se) helen; 2. Part. holen
Hammel, m., Bötel, Mz. -s, Hamel, Mz. -s
Hammer, m., Hamer, Mz. -s
Hammer, schwerer, m., Vörslaghamer; w., Slaag, Mz. Slagen
Hand, w., Hand, Mz. Hannen, Hänn; w., Patsch, *giff mi dien Patsch, Patschhand*
Hand, von der Hand gehen, swv., hannen, *dat handt sick goot, - em goot,* hannig
Hand-, Näharbeit, flüchtig und schlecht ausgeführt, m., Prüünkraam, *wat doch 'n Prüünkraam, wat du maakst*
handeln, swv., hanneln, ick hannel, du -st, he -t, wi (ji, se) -t; Vg.

ick (he) hannel, du -st, wi (ji, se) -n; 2. Part. hannelt

Handelsmann, m., Hannelsmann, Mz. -lüüd

Handmühle, w., Queern, Mz. -en

Handschuh, m., Hansch, Mz. -en

Handstein, Spülstein, Ausguß, m., Handsteen, Mz. -s

Handstock, m., Handstock, Mz. -stöck

Handtuch, s., Handdook, Mz. -döker, Hanndook

handlich, passend, gut zu handhaben, handig, hannig, handsaam

Hand voll, Handvull, *he is man 'n Handvull*

Handwaage, m., Besemer, Bessemer

Handwerksbursche, m., Handwarksburß, Mz. -en

Hanswurst, m., Hanswust

Handwurzel, w., Wrist, Mz. -en

Hanf, m., Hemp

hangen, swv. u. stv., hangen, ick hang, du -st, he -t, wi (ji, se) -t; Vg. ick (he) hung/hüng, du -st, wi (ji, se) -en; 2. Part. hungen

hantieren, herumfummeln, swv., hanteern, hanteren, ick hanteer; 2. Part. hanteert, (Ang. syseln, püseln)

Happen, m., Happen, Mz. -s

Harke, w., Hark, Mz. -en

harmlos, unbedarft

hart, fest, hartnäckig, unnachgiebig, unerbittlich, hart, hatt, *wees nich so hart/hatt*

hartherzig, hartfuchtig

Hase, m., Haas, Mz. Hasen

Haselnuß, w., Hasselnööt (-noet), Mz. -

hatten, ick harr, du -st, he harr, wi (ji, se) harrn; Vg. ick heff hatt, ick harr hatt

Haube, w., Huuv, Mz. Huven, Fladuus, Mz. -dusen

hauen, schlagen, prügeln, sich prügeln, swv., hauen, haun, haugen, ick hau di, du haust mi, wi haut uns; 2. Part. haut

Haufen, m., Huup, Hupen, Hoop, Hopen, Dutt, Mz. Dütt, Bult, Hümpel, *de Düvel schitt jümmer up den gröttsten Hupen*

Haufen,, Schar, Gruppe, Ansammlung, zusammengebundene Koppel (mehrere Tiere), m. Koppel, Köppel, Mz. -s

Haupt, auch: Hauptsache, der Oberste, s., Haupt, Hööft

Haus, s., Huus, Mz. Hüser; **Hausarbeit,** w., Huusarbeit, Mz. -den, **Hausbesen,** m., Huusbessen (auch: Hausdrache); **Richtfest,** s., Huusbören; **Versteigerung von Haus und Hof,** w., Huusbohl, Mz. -bohlen; **Hausdiele,** w., Huusdeel, -dääl, Mz. -delen; **Haustür,** w., Huusdöör, Mz. -dören; **Hausfrau,** w., Huusfru, Mz. -fruuns; **Hausherr,** m., Huusherr, Mz. -en; **Haushälterin,** w., Huushollersch, Mz. -höllersch; **Haushalt,** m., Huusholt; **Hausrat,** m., Huusreef; **Hauswand,** w., Huuswand, Mz. -wännen; **Hausschuhe,** m., Pampuuschen

haushalten, swv., huusholen, ick hool huus, du höllst huus, wi (ji, se) hoolt huus; 2. Part. -holen

Häusler, m., Hüüsling

Haut, w., Huut, Mz. Hüüd (auch: Fell)

Hautschwellung, w., Quaddel, Mz. -n

Havarie, w., Haveree, -rie, Mz. -n

Hebamme, Griepsch, Mudder Griepsch

Hebel, m., Hevel, Mz. -s

heben, anheben, stv., heben, heven, ick heev, du -st, he -t, wi (ji, se) -t; Vg. ick (he) heev, du -st, wi (ji, se) heven; 2. Part. heevt, bören, ick böör, du -st, he -t, wi (ji, se) -t; Vg. ick (he) böör, du -st, wi (ji, se) bören; 2. Part. böört

hecheln, (Hecheln des Hundes, Flachs hecheln), hekeln, hekkeln, wi hekelt de Flass, de Hund hekelt; 2. Part. hekel

Hecht, m., Heek, Mz. Heken

Hecke, Zaun, Umzäunung, w. u. s., Heck, s., Heckdoor, Hecklock, Heckpahl, Doornheck

Hecke, Gehölz, m., Heck, Hagen

Hefe, w., Gest

heftig verlangen, gieren, swv., jiepern, jiepeln, giepen, ick jieper, du -st, he -t, wi (ji, se) -t; Vg. ick (he) jieper, du -st, wi (ji, se) -n; 2. Part. jiepert

Heide, w., Heid, Mz. -en ·

Heideflächen, weite, Heiloh, Heidloh

Heide-Rasenstück, w., Plagg, Mz. Plaggen, Flachen

Heidelbeere, w., Bickbeer, Mz. -beren

heilen, gesundmachen, swv., helen, *he hett mi heelt*

heilen, heilmachen, reparieren, ausbessern, flicken, swv., böten, ick bööt, du böttst, he bött, wi (ji, se) bööt; Vg. ick (he) bött, du -st, wi (ji, se) -en; 2. Part. bött

heilig, hillig, -e

Heiligabend, m., Hilligavend

Heimat, w., Heimat

heimlich, stillkens

heiraten, swv., heiraden, ick heiraad, du -st, he -t, wi (ji, se) -t; Vg. ick (he) heiraad, du -st, wi (ji, se) -en; 2. Part. heiraadt

Heiratsgut, Aussteuer, s., Ingedööm (auch: Eingeweide)

heiser, heesch, heserig, hesterig, *he hett sick rein heesch schregen*

heiß, hitt, heet, hete

heißen, stv., heten, ick heet, du -st, he -t, wi (ji, se) heet; Vg. ick (he) heet, du -st, wi (ji, se) heten; 2. Part. heten

Heißwecke, w., Hedeweck, Mz. -en, Heetweck, Mz. -en

heizen, swv., böten, inböten, füern, füürn, ick bööt, du böttst, he bött, wi (ji, se) bööt; Vg. ick (he) bööt, du -st, wi (ji, se) böten; 2. Part. böödt

Heizer, m., Füürböter, Füer-

helfen, stv., helpen, hölpen, ick help, du -st, he -t, wi (ji, se) -t; Vg. ick (he) hulp/hülp, du hulpst (hülpst), wi (ji, se) hulpen/hülpen; 2. Part. holpen

Helfer und Freund, m., Macker

hell, hell, hellicht, *an'n hellichten Dag,* hellig

hellhörig, luukohrig

Hellseher, m., Spökenkieker, Mz. -s

Hemd, s., Hemd, Mz. -en

Hemdsärmel, m., Hemdsmau, Mau, Mz. -en oder -maugen

hemmen, stoppen, bremsen, swv., törnen, ick törn, du -st, he -t, wi (ji, se) törnt; Vg. ick (he) törn, du -st, wi (ji, se) -en; 2. Part. törnt

Hengst, m., Hingst, Mz. -en

Henkel, s., Öhr, Mz. -en

Henkeltopf, m., Seelpott, -putt, Mz. -pött

Henne, w., Hehn, Henn, Mz. Hennen, Höhner

Herberge, w., Harbarg, Mz. -en

Herbst, m., Harvst

Herbstzeit, w., Harvsttiet

Herd, m., Heerd, Mz. -en; **Gestell auf dem Herd,** m., Dreefoot

Herdbank, m. u. s., Dingen, Mz. -, Diggen

Hering, m., Heern, Hiering, Hiern, Hering

herum, rüm

herumstreifen, swv., ströpen, strömern, ick strööp, du -st, he -t, wi (ji, se) -t; Vg. ick(he) strööp, du -st, wi (ji, se) ströpen; 2. Part. strööpt, ströömt

Herumtreiber, Strömer, m., Strömer, Ströper, Struntjer, Slöpendriever, Mz. -s

her, her, herto

herauf, hinauf, rup, rop

herunter, hinunter, rünner, raf, dal, *up un dal*

herüber, hinüber, röver

Herr, m., Herr, Mz. -n, Herrgott, Herrschaft, **Ausruf,** Herrjes

Herz, s., Hart, Mz. -en

herzlich, hartlik, hartlich

hetzen, antreiben, anstacheln, swv., hissen, ick hiß, du hißt, he hißt, wi (ji, se) hißt; Vg. ick hiß, du (he) hiß, wi (ji, se) hissen; 2. Part. hißt

Hetzer, Antreiber, m., Hisser

Heu, s., Heu, Hau, Haubarg (= "Heuberg" = Eiderstedter Bauernhaus)

Heuhaufen, m., Diem, Mz. Diemen, (auch: Strohhaufen, Torfhaufen)

Heu aufschichten zu einem Haufen (Diem), swv., diemen, dimen, *he diemt dat Heu, se sünd bi to diemen*; temen, 2. Part. teemt

Heuer, Miete, w., Hüür, Mz. Hüren; Miet, **Mietshaus,** s., Mietshuus, Mz. -hüser

heulen, weinen, swv., hulen, ick huul, du -st, he -t, wi (ji, se) huult; Vg. ick (he) huul, du -st, wi (ji, se) hulen; 2. Part. huult

heute, hüüt, vondaag, hüdigendaags, hüüttodaags, vundag, -daag; **heute morgen,** vunmorgen; **heute abend,** vunavend; **heute nacht,** vunnacht

Hexe, w., Hex, Mz. -en; Witsch, Wickersche, Töversche, Toversche

Hilfe, w., Hülp, Hölp, Help, Hilp, Mz. -en

Himbeere, w., Himbeer, Mz. -beren

Himmel, m., Himmel, Heven, Mz. -s; **Himmelsrichtungsangaben: nördlich, östlich, südlich, westlich,** oosten dat Dörp, süden de Kark, westen dat Holt, noorden de School

hin, hen, hento

hinab, dal, hendal

hin- und herbewegen, schaukeln, swv., gieren, ick gier, du -st, he -t, wi (ji, se) -t; Vg. ick (he) gier, du -st, wi (ji, se) giern; 2. Part giert

hinfällig, schrökelig, *he is schrökelig wurrn*
hineinstopfen, swv., rinproppen, pramsen, premsen, prammen, ick prams, du -t, he -t, wi (ji, se) -t; Vg. ick(he) prams, du -st, wi (ji, se) -en; 2. Part. pramst, premst, prammt
hinflegeln, sich, sich räkeln, swv., runksen, rungsen, *runks di nich so hen,* 2. Part. runkst
hinauf, herauf, rup, rop
hinüber, herüber, röver
hinunter, herunter, rünner, raf, dal
hinken, hüpfen, humpeln, swv., hinken, hüppen, humpeln, ick hink, du -st, he -t, wi (ji, se) -t; Vg. ick (he) hink, du -st, wi (ji, se) -en; 2. Part. hinkt
Hinkender, Lahmer, als Schimpfwort: Hinkepink, als Spiel: Hinkepoot
hinter, achter, hinner, *achter de Möhl*
Hinter-, Achter-, s., Achterbeen, Achterenn, Achtertau
hinterherschleichen, scharwenzeln, swv., steertjen, steerten; Vg. steertjt, *he steertjt um mi herum;* 2. Part. steertjt
hinterhältig, veniensch, verninsch
Hintertür, w., Achterdöör, Tennsdöör, Mz. -dören
Hinweis, Anstoß, Wink, m., Tip(p), (Ang. Nys)
Hirte, m., Harder, Heerder, Mz. -s
hissen, auch: hetzen, antreiben, swv., hissen, 2. Part. hißt (s. hetzen)
Hitze, w., Hitt(en), *dat is avers 'n Hitten*
Hobel, m., Hövel, Mz. -s, Schaav, Mz. Schaven
hobeln, schaben kratzen, schneiden, swv., schaven, schaben, höveln, runksen, ick hövel, du -st, he -t, wi (ji, se) -t; Vg. ick (he) hövel, du -st, wi (ji, se) -n; 2. Part. hövelt, schaavt, schaabt, *he hövelt dat Brett*
hoch, hooch, hoge, höger, hööchst, tohööcht
hochbeinig, hoochbeent, hoochbenig
hochdeutsch, hoochdüütsch
hochfahrend, överkoppsch
hochgelegenes Land, w., Geest
hochnäsig, hoochnäsig, -nesig
hocken, swv., huken, hucken, ick huuk, du -st, he -t, wi (ji, se) -t; Vg. ick (he) huuk, du -st, wi (ji, se) huken; 2. Part. huukt; *he huukt sick hen*
hockend, in 'e Huuk, *du kriggst glieks de Huuk voll* = Schläge bekommen
Hochzeit, w., Hochtiet, Mz. -tieden; s., Löft
Hochzeitbitter, m., Köstenbidder, Mz. -s
Höhe, w., Hööcht, *to Hööcht*
höher, höger, hööchst
höhnisch, höhnsch
Hölle, w., Höll, Hell
Hölzchen, m., Prickel, Preckel, Mz. -s
hölzern, holten, hölten, *holten Schoh*
hören, gehören, gehorchen, sich gehören, swv., hören, hüren, ick höör, du -st, he -t, wi (ji, se) höört; Vg. ick (he) höör, du -st,

wi (ji, se) hören; 2. Part. hööt, hüürt
Hof, m., Hoff, Mz. Hööv; Haav, Hoov; **Hoferbe,** m., Hoffarv(e), Mz. -en; **Hofdienst,** m., Hoffdeenst, Mz. -en; **Hofland,** s., Hoffland
hoffen, swv., höpen, ick hööp, du -st, he -t, wi (ji, se) -t; Vg. ick (he) hööp, du -st, wi (ji, se) höpen; 2. Part. hööpt
hohl, hohl
Hohlmaß, Spint, s., Spint (altes Hohlmaß, knapp 7 l), Mz. -en
holen, einholen, swv., halen, holen, ick haal, du -st, he -t, wi (ji, se) haalt; Vg. ick (he) haal, du -st, wi (ji, se) halen; 2. Part. haalt
holländisch, hollandsch
Holstein, Holsteen
holsteinisch, holsteensch
Holz, s., Holt, Mz. Hölter (auch: Bauholz, Wald), *wi gaht to Holt(s)*
Holz, gebogenes, s., Kroppstück, Mz. -en
Holz im Fachwerk, m., Riegel, Mz. -s
Holzböcke, s., Pallholt
Holzgefäß, s., Stapp, Mz. -en; w., Tunn, Tünn, Mz. Tünnen, w., Ballich, Mz. -en; Balje
Holzgerüst, m., Wiem, Mz. Wiemen
Holzgestell, m., Schragen, Schraag, Mz. -
Holzgitter, Lattenzaun, Einfriedigung, s., Rick, Rickels, *Vadder is bi un rickelt in*
Holzklotz, kleines, dickes Stück Brett, m., Knaggen, Knacken, Mz. -s
Holzlöffel, m., Sleef, Mz. Slefen, Sleev (auch: Schlingel, grober Kerl, *du bist avers 'n groot(en) Sleef)*
Holzlatten zum Aufhängen von Speckseiten, m., Speckwiem, Mz. -wiemen
Holzleiste, m., Revel (Rävel) Reven, Mz. -s; w., Liest, Mz. -en
Holzteller, -brett, s., Bricken, Mz. -
Holzpantoffel, Holzschuhe, Holtschen, holten Schoh
Honig, m., Honnig, Honning
Hopfen, m., Hoppen
horchen, swv., horken, ick hork, du -st, he -t, wi (ji, se) horkt; Vg. ick (he) hork, du -st, wi (ji, se) horken; 2. Part. horkt, luukohren; 2. Part. luukohrt; lüstern, lustern, *he lustert*
Horn, Blashorn, Horn der Kuh, Landzunge, s., Hoorn, Horn Hurn, Mz. Hööörn(s), Hüürn(s)
Horizont, w., Kimm, Kimming
Hose, w., Büx, Mz. -en
Hosenträger, s., Drachtband, Mz. Drachtbänner
hübsch, fein, smuck, *'n smucke Deern*
Hügel, m., Knüll, Knöll, Mz. -en
Hühnerauge, m., Liekdoorn, Mz. -dööörn
Hülse, Büchse, w., Büß, Buß, Boß, Mz. Büssen, Bussen, Bossen
Hülse, Schote, w., Paal, Mz. Palen, Paalarf(t)en; Sluuv, Mz. Sluven
Hündin, w., Teev, Mz. Teven; Tiff, Mz. -en
hüpfen, springen, swv., hüppen, ick hüpp, du -st, he -t, wi (ji, se) hüppt; Vg. ick (he) hüpp, du -st,

wi (ji, se) hüppen; 2. Part. hüppt

hüten, aufpassen, bewachen, swv., höden, ick hööd, du höddst, he hödd, wi (ji, se) höödt; Vg. ick (he) hödd, du höddst, wi (ji, se) hödden; 2. Part. hödd

hüten, sich, retten, in Sicherheit bringen, swv., bargen, ick barg, du -st, he -t, wi (ji, se) bargt; Vg. ick (he) barg, du -st, wi (ji, se) bargen; 2. Part. borgen

Huf (vom Pferd), m. u. s., Hoof, Mz. Hoven

Hufeisen, s., Hoofiesen, Mz. -s

Huhn, s., Hohn, Mz. Höhner

Hund, m., Hund, Mz. Hunnen

Hundskamille, Huflattich, w., Hunn(en)bloom, Mz. -blööm

Hundehütte, w., Hunnenhütt

hundert, hunnert, hunnertste

Hunger, w., Smacht; m., Hunger

hungrig, smachtig, hungerig

Hungerharke, w., Hungerhark, Mz. -en

Hungerlohn, s., Hungeror (Honorar)

Hungerpeitsche/Angel, w., Hungerpietsch, Mz. -en

Hure, w., Hoor, Mz. Horen

Hurenhaus, m., Horenkasten

Husten, m., Hosten, Hoosten, Hoost, Haust(en), *he hett 'n ornlichen Hoosten*

husten, swv., hoosten, hosten, hausten, ick hoost, du -, he -, wi (ji, se) -; Vg. ick (he) hoost, du -, wi (ji, se) hoosten; 2. Part. hoost

Hut, m., Hoot, Mz. Hööd

I

ich, ick

ich denke, mi dücht

Ideen, wunderliche, Mz. Grappen, *he hett bloots Grappen in 'n Kopp*

Igel, m., Swienegel, Mz. -s, Pinnswien, Mz. -s

ihm, ihn, em

ihnen, jem, jüm

ihr (ihr Ball), ehr,(Ez. u. Mz. ehr Ball, Mz. auch: jem ehr(en) Ball), se ehr = sirs Ball

Iltis, m., Ilk, Elk, Irk, Mz. -en

Imbiß, (am Nachmittag), s., Vesper, (am Vormittag) Fröhstück, *kumm to Vesper*

immer, immer, ümmer, jümmer

imstande, instann, *he is instann un doon dat,* kumpabel

in, in, in 'e, in 'n, in 't

indessen, trotzdem, gleichgültig, liekveel

infam, entfaamt, entfaamtig

innen, binnen, Mädchen für innen: Binnerdeern

Inste, m., Inst(e), Mz. -en

Interesse, s., Vermaak, m., Andeel, Mz. Andelen, Andeeln (möglich ist: Intresse)

interessant, vermaakt, intressant

interessieren, sich, swv., intresseern, ick intresseer mi, du -st di, he -t sick, wi (ji, se) intresseert uns (juuch, sick); Vg. ick (he) intresseer mi (sick), du -st di, wi (ji, se) intresseern uns (juuch, sick); 2. Part. intresseert

inwendig, inwennig

irdisch, irden, eerdsch

irgend, irgendwie, ziemlich, je-

mals, jichens, jichtens, jiggens
irgendeiner, wen, jichenseen
irgend etwas, jichenswat
irgendwo, enerwegens
ist, is, he is, dat is, wat is dat? (s. sein)

J

ja, ja, je (jo), janich
Jacke, w., Jack, Mz. -en
Jahr, s., Johr, Mz. -en
Jahreszeit, w., Johrstiet, Mz. -tieden
Jahrmarkt, m., Markt, Mz. -en; Karkmeß
-jährig, johrig, vulljohrig, ganzjohrig, auch als adj. jährig = einjährig, *'n jährig Fahl*
jähzornig, dullhorig, dullerhorig, *he is so gluupsch*
Jäger, m., Jäger, Mz. -slüüd
jäten, swv., weden, wöden, wüden, ick weed (wüüd), du -st, he -t, wi (ji, se) weedt (wüüdt); Vg. ick (he) weed, du -st, wi (ji, se) weden; 2. Part. weedt (wüüdt)
jagen, schnell rennen, eilen, swv., jachtern, jachen, benschen, ick jaag, du -st, he -t, wi (ji, se) jaagt; Vg. ick jaag, du -st, he jaag, wi (ji, se) jagen; 2. Part. jaagt
jagen, schnell gehen, swv., schesen, *dor scheest en vörbi,* 2. Part. scheest
janken, kreischen, gierig sein nach, swv., janken, ick jank, du -st, he -t, wi (ji, se) -t; Vg. ick (he) jank, du -st, wi (ji, se) janken; 2. Part. jankt; *he jankt na 'n Mundvoll Toback*
Janmaat, m., Jantje, Mz. -n; Janmaat, Mz. -maten
Januar, Januor, Januoor, Januwoor
jappen, nach Luft schnappen, swv., jappen, japsen, ick japp, du -st, he -t, wi (ji, se) -t; Vg. ick (he) japp, du -st, wi (ji, se) jappen; 2. Part. jappt; *ick japp na Luft, he jappt na Luft*
Jauche, m., Adel (Ool), Addel; w., Jüüch; s., Jüüchels (Ang. Eiel)
jauchzen, jubeln, ausgelassen sein, swv., juchen, juuchen, ick juuch, du -st, he -t, wi (ji, se) -t; Vg. ick (he) juuch, du -st, wi (ji, se) juchen; 2.Part. juucht
jaulen, winseln, wimmern, swv., jaulen, ick jaul, du -st, he -t, wi (ji, se) -t; Vg. ick (he) jaul, du -st, wi (ji, se) jaulen; 2. Part. jault; *de Hund jault so*
jeder, jedereen, jeedeen, all, elk, elkeen, jeder
jederzeit, alltiet
jemand, wen, woll
jener, jenner
jenseits, güntsiet
jetzt,nu, *nu is 't passeert*
Jieper (gieren nach), m., Jieper, Gieper
Joch, s., Jück, Jöck
Johannisbeere, w., Johannsbeer, Hansbeer, Mz. -beren
Johannisbeere, schwarze, w., Solterbeer, Mz. -beren
Jolle (Boot), w., Joll, Jull, Mz. -en
jucken, Verlangen spüren, swv., jöken; 2. Part. jöökt; *dat jöökt mi in de Finger*
Juckpulver, s., Juckpulver
Jucken, das, w. u. m., Jöök (Joek)

juckeln, schlecht fahren, schaukelnd fahren, swv., juckeln, ick juckel, du -st, he, wi (ji, se) jukkelt; Vg. ick juckel, he -, du -st, wi (ji, se) juckeln; 2. Part. jukkelt; *he juckelt sick wat trecht*
Jude, m., Juud, Jööd, Mz. -en
Jüdin, w., Jöödsche
Jugend, Jugendalter, w., Jöögd, Jögd
Julklapp, m., Juulklapp
jung, jung, *in jungen Johren*
Junge kleiner, m., Jung, Mz. -en; m., Holster (Holster auch: Ledertasche)
Jungkerl, m., Jungkeerl, -kerl, -kierl, Mz. -s
Jungvieh, s., Jungveeh, Jitt, Jett
Jux, Spaß, Spuk, m., Spijöök

K

Kabuff, dumpfes Zimmer, s., Kabuff, Mz. -s
Kachelofen, m., Kachelaven, Puttaven, Mz. -s (Püttjer, Pötter = Ofensetzer)
Käfer, m., Käver, Mz. -s; Sever (Säver), Sebber, Mz. -s
Kälte, w., Küll
kämmen, swv., kämmen, ick kämm, du -st, he -t; wi (ji, se) -t; Vg. ick (he) kämm, du -st, wi (ji, se) kämmen; 2. Part. kämmt; *se kämmt sick*
Käse, m., Kees
Kätner, m., Köter, Kötter, Mz. -s
Kaff, Spreu, s., Kaff
Kaffee, m., Kaffe, Koffi
kahl, kahl
Kahlkopf, m., Kahlkopp, Mz. -köpp
Kahn, m., Kahn (Kohn), Mz. -s
Kalb, s., Kalf, Mz. Kalver
kalben, swv., kalven, *de Koh kalvt*
Kalbsbraten, m., Kalverbraden, Kalfsbraden
Kaldaunen, Eingeweide von Tieren, Kaldunen, Klunen
Kalender, m., Kalenner, Klender, Klenner, Mz. -s
kalfatern, swv., kalfatern, 2. Part. kalfatert, *he kalfatert dat Schipp*
kalken, weißen, swv., witsche(r)n, *he wittsch(er)t dat Huus* (entschlüpfen = witschen)
kalt, koolt, köller, koolste Dag, köllste Dag
Kamerad, m., Kamerad (-rod), Mz. -en
Kamille, w., Kamell, Mz. -en
Kamm, m., Kamm, Mz. Kämm
Kammer, w., Kamer, Mz. -n
Kandarre , Gebißstange des Pferdes, w., Kandarr, Mz. -en, auch: *nimm em man fast an de Kandarr*
kandidel, vergnügt, kandidel
Kaninchen, s., Kanink, Mz. -en; **weibliches Kaninchen,** w., Sipp, Zipp, Mz. -en
kann, stv., könen, ick kann, du -st, he kann, wi (ji, se) köönt; Vg. ick kunn, du -st, he kunn, wi (ji, se) kunnen; 2. Part. kunnt; auch: *ick kann mit em* = gut auskommen
Kanne, w, Kann, Mz. -en; Melkkann, Wienkann
Kante, w., Kant, Mz. -en, auch: *up de hoge Kant leggen* = sparen
Kapitän, m., Kaptein, Käppen, Käpten, Mz. -s

Kapital, Vermögen, Besitz, s., Kaptal, Kaptaal
Kapitel, s., Kapittel, Mz. -n
Kappe, Mütze, w., Kapp, Mz. en
Kapuze, w., Kabuuz, Mz. -buzen
Karpfen, m., Karpen, Mz. -
Karre, w., Koor, Mz. Koren, auch: *de Koor ut de Schiet halen*
Karte, w., Koort, Mz. Korten, auch: *sick nich in de Korten kieken laten*
Kartoffel, w., Kantüffel, Mz. -en; Tüften
Kasse, w., Kaß, Mz. Kassen, auch: *he is ümmer goot bi Kaß*
Kastanie, w., Kastangel, Mz. -s, -n
Kasten, m., Kasten, Kassen, Mz. -s, auch: *he hett nix up 'n Kassen, mit Kist und Kassen*
Kate, w., Kaat, Mz. Katen, auch: *kumm nich so spät an de Kaat* = komm nicht so spät nach Hause
Katechismus, m., Katechissen
Kater, m., Kater, Mz. -s
Katze, kleine, (Ang. Kelling)
Katze, w., Katt, Mz. -en, auch: *ick koop nich de Katt in 'n Sack. Dat is för de Katt. Nu lett he de Katt ut 'n Sack*
katzenfreundlich, glier
kauderwelch, ukerwensch
kauen, swv., kauen, ick kau, du -st, he -t, wi (ji, se) kaut; Vg. ick (he) kau, du -st, wi (ji, se) kauen; 2. Part. kaut; auch: *he kaut mit lange Tähn(en)*
kauen mit vollem Mund, swv., quosen, ick quoos, du -st, he -st, wi (ji, se) -st; Vg. ick (he) quoos, du -st, wi (ji, se) quosen; 2. Part. quoost
Kauf, m., Koop, Mz. Kööp, *dor hest 'n goden Koop maakt*
kaufen, swv., kopen, ick kööp, du köffst, he köfft, wi (ji, se) koopt; Vg. ick (he) koff, wi (ji, se) koffen; 2. Part. köfft
Kaufmann, m., Koopmann, Mz. -lüüd
Kautaback, m., Priem, Prüntjer, Mz. -s
keck, stolz, krötig, brösig, swienplietsch
Kehle, w., Kehl, Mz. -en, *he hett Gold in sien Kehl*
Kehle, Gurgel, Schlund, w., Görgel, Göddel, Slöök, Slök, Sluuk, Mz. -s
Kehre, w., Kehr, Mz. -en, *tokehr kamen* = zurecht kommen, *tokehr gahn* = umtriebig sein
kehren, umkehren, drehen, swv., kehren, ick kehr, du -st, he -t, wi (ji, se) -t; Vg. ick (he) kehr, du -st, wi (ji, se) kehren (um); 2. Part. kehrt; *kehr di an nix* = kümmere dich um nichts
Kehricht, s., Öller
keifen, zanken, swv., kieven, ick kiev, du -st, he -t, wi (ji, se) -t; Vg. ick (he) kiev, du -st, wi (ji, se) kieven; 2. Part. kievt
Keil, m., Kiel, Mz. -en, -s
Keim, m., Kiem, Mz. -s
kein, keen, kene, neen, nien, *dor is neen Huus* = da ist kein Haus
Kelle, Schöpflöffel, w., Kell, Mz. -en
Keller, m., Keller, s., Kellerlock, Kellerluuk
kennen, erkennen, swv., kennen, ick kenn, du -st, he -t, wi (ji, se) -t; Vg. ick (he) kenn, du -st, wi (ji, se) kennen; 2. Part. kennt

Kennmarke, s., Teken, Mz. -s
kentern, umschlagen, swv., kappseisen, -seißen, *dat Boot is kappseist*
Kerbe, w., Karv, Mz. -en
kerben, einschneiden, swv., karven, ick karv, du -st, he -t, wi (ji, se) -t; Vg. ick (he) karv, du -st, wi (ji, se) karven; 2. Part. karvt; *de Boom is karvt* = gekennzeichnet
Kernhaus (beim Obst), s., Karrnhuus, Mz. -hüüs
Kerl, m., Keerl, Kerl, Mz. -s
Kerze, Licht, s., Licht, Lecht, Mz. -er und -en, *do geiht mi 'n Licht up* = ich begreife
Kessel, m., Ketel (Kätel), Mz. -s
Kesselschmied, m., Ketelklopper, auch: Ketelflicker, Mz. -s
Kette, w., Keed, Mz. Keden
Kettenglied, Gelenk, s., Lenk, Mz. -en
keuchen, swv., hachpachen, ick hachpach, du -st, he -t, wi (ji, se) -t; Vg. ick (he) hachpach, du -st, wi (ji, se) -en; 2. Part. hachpacht
Keuchhusten, m., Kinkhoosten
Keule, w., Küül, Mz. Külen
kichern, albern lachen, swv., hucheln, ick huchel, du -st, he -t, wi (ji, se) -t; Vg. ick (he) huchel, du -st, wi (ji, se) -s; 2. Part. huchelt
Kiebitz, m., Kievitt, Mz. -s
Kiel (Schiffs-), m., Kiel, Keel, Mz. -en
Kiemen, Keben, Kemen, Mz. -s
Kies, (Ang. Grus)
Kind, s., Kind, Mz. Kinner, m., Kinnerkraam, Kinnergoorn
Kind, kleines, s., Pörks, Pööks, Mz. -en
Kind, störrisches, s., Krööt, Mz. Kröten, *du dumme Krööt*
Kind, ungezogenes, s., Takeltüüch, Göör, Mz. Gören
Kind, verzogenes, s., Jitt, *wat is dat för 'n Mudderjitt*
Kinderbett, s., Kinnerbett, Mz. -bedden
Kindtaufe, w., Kinddööp, Mz. -döpen; s., Kinnelbeer, Kindelbeer, Kinndööp
Kinn, s., Kinn
Kippe, w., Kipp, Mz. -en, *dat steiht up de Kipp*
kippen, swv., kippen, ick kipp, du -st, he -t, wi (ji, se) -t; Vg. ick (he) kipp, du -st, wi (ji, se) -en; 2. Part. kippt
Kirche, w., Kark, Mz. -en, m., Karkhoff, m., Karkendener; **Kirchturm,** m., Karktoorn, Mz. -s
Kirchspiel, s., Kaspel, Karspel, Karkspeel
Kirmes, w., Karkmeß
Kirsche, w., Kaßbeer, Mz. -beren
Kissen, s., Küssen,Mz. -s
kitzeln, reizen, swv., keddeln, ketteln, ick keddel, du -st, he -t, wi (ji, se) -t; Vg. ick (he) keddel, du -st, wi (ji, se) -n; 2. Part. keddelt
kitzelig, kettelig
Kittel, m., Busserunt, Buscherunt (je), Buscherump
kläffen, angeben, swv., plaffen, pleffen, ick plaff, du -st, he -t, wi (ji, se) -t; Vg. ick (he) plaff, du -st, wi (ji, se) -en; 2. Part. plafft
kläglich, rührend, barmherzig, barmhartig
klackern, kleckern, swv., klakkern, ick klacker, du -st, he -t,

wi (ji, se) -t; Vg. ick (he) klacker, du -st, wi (ji, se) -n; 2. Part. klakkert; *du hest di all wedder vullklackert*

Klafter, Faden (Holz), m., Faden, Fadem, Faam, Fohm, Mz. -s, (1 Faden dänisch: 6 Fuß lang, breit, hoch)

klagen, bemitleiden, swv., barmen, *dat barmt mi;* swv., klagen, ick klaag, du -st, he -t, wi (ji, se) klaagt; Vg. ick (he) klaag, du -st, wi (ji, se) klagen; 2. Part. klaagt

klappen, klatschen, swv., klappen, ick klapp, du -st, he -t, wi (ji, se) -t; Vg. ick (he) klapp, du -st, wi (ji, se) -en; 2. Part. klappt; auch: *dat hett klappt* = das ist gut gegangen

Klapperkarre, w., Klapperkaar (-koor), m., Klapperkraam

klappern, rasseln, laut und schnell reden, swv., klötern, *du klöterst toveel, du hest 'n groot Klöter*

Klaps, leichter Schlag, auch: leicht verrückt, m., Klaps, *du hest 'n Klaps*

klar, kloor, klore

klatschen, schwatzen, übel nachreden, swv., sludern, ick sluder, du -st, he -t, wi (ji, se) -t; Vg. ick (he) sluder, du -st, wi (ji, se) -n; 2. Part. sludert; *se hett all wedder sludert*

Schluderei, Nachrede, w., Sluderee, m., Sluderkraam

klauben, ablösen, abpellen, swv., pulen, ick puul, du -st, he -t, wi (ji, se) -t; Vg. ick (he) puul, du -st, wi (ji, se) pulen; 2. Part. puult; *Arfen pulen, Krabben utpulen;* puken, puukt

klauen, stehlen, swv., klauen, ick klau, du -st, he -t, wi (ji, se) -t;Vg. ick (he) klau, du -st, wi (ji, se) -en; 2. Part. klaut

kleben, haften, swv., kleven, kleben, kläben, ick kleev, du -t, he -t, wi (ji, se) -t; Vg. ick (he) kleev, du -st, wi (ji, se) -en; 2. Part. kleevt

klebrig, backsig, backig, peeksch

Klee, m., Klever; **Glücksklee,** s., Kleverveer

Kleid, s., Kleed, Mz. Kleder; m. u. s., Klederschapp; w., Klederböst

kleiden, swv., kleden, ick kleed, du -st, he -t, wi (ji, se) kleedt; Vg. ick (he) kleed, du -st, wi (ji, se) kleden; 2. Part. kleedt; *dat kleedt di goot, dat kleedt mi nich*

Kleidung, w., Kledaasch, Mz. -daschen

klein, kleen, (klener, an'n kleensten), klene, lüttje, lüttst, (lütter, an 'n lüttsten), *kumm her, lütt Deern*

klein, sehr, lüerlütt, lierlütt

Kleinarbeit, m., Puulkraam

Kleinkram, m., Püttjerkraam, Puulkraam, Püsselkraam, -arbeid

kleiner Klumpen, m., Klacks, Mz. -en

Kleinhändler, m., Höker, Mz. -s

Kleinigkeiten, unnütz, m., Klakkerkraam, Klacks, *dat is 'n Klacks mit de Wichsböst*

kleinlaut, dallohrig, sluukohrig, sluckohrig

klein und schwächlig, fipsig

Kleie, w., Schroot

Kleierde, m., Klei

Kleister, m., Kliester, auch: *he keem mit 'n groot Kliester na Huus* = er war sehr betrunken
kleistern, swv., kliestern, ick kliester, du -st, he -t, wi (ji, se) -t; Vg. ick (he) kliester, du -st, wi (ji, se) -n; 2. Part. kliestert
Klemme, in der K. sein, Kniep, in de Kniep sien
Klette, w., Kliev, Mz. -en
klettern, swv., klattern, kladdern, ick klatter, du -st, he -t, wi (ji, se) -t; Vg. ick (he) klatter, du -st, wi (ji, se) -n; 2. Part. klattert; *he kladdert över 'n Tuun*
Kliff, s., Kliff, Mz.-s
Klingel, Glocke, w., Klingel, Pingel, Mz. -n
Klingelbeutel, m., Klingelbüdel, Mz. -s
klingen, stv., klingen, ick kling, du -st, he -t, wi (ji, se) -t; Vg. ick (he) klüng, du -st, wi (ji,se) -en; 2. Part. klungen
Kloben, m., Klaven, Klaben, Klaaf, Holt klöven, *he klöövt Holt*
Klöven (Rosinenbrot), m., Klöven, Klöben
klopfen, schlagen, anklopfen, prügeln, swv., kloppen, ick klopp, du -st, he -t, wi (ji, se) -t; Vg. ick (he) klopp, du -st, wi (ji, se) -en; 2. Part. kloppt; *se kloppt sick*
Kloster, s., Klooster, Mz. -s, Klööster
Kloß, m., Klümp, Klüten, Klüütjen, Mz. -
Klotz, grober Kerl, m., Müchel, *wat is dat för 'n Müchel wurrn*
klotzig, müchelig
Klüsen (Gucklöcher in Schiffswand, auch: Augen), Klüsen, Klüüs, *ick hau di in de Klüsen*
Klüterei, w., Klüteree, m., Klüterbaas = Bastler, Klüterer
klütern, werken, swv., klütern, ick klüter, du -st, he -t, wi (ji, se) -t; Vg. ick (he) klüter, du -st, wi (ji, se) -n; 2. Part. klütert
klug, klook, (kloker, an 'n klöökšten), *he is nich de klöökste, he hett 'n ans(ch)leegschen Kopp* = erfinderisch, klug; weise = wies
Klumpen, m., Klumpen, Mz. -s; Klümp, Mz. -en (Büschel, Klumpen von Blumen: Kluuster, Mz. -s)
mit kleinen Klumpen, klüterig
klumpig, klümperig
Klunker, m., Klunker, Mz. -s
knacken, brechen, aufbrechen, swv., knacken, ick knack, du -st, he -t, wi (ji, se) -t; Vg. ick (he) knack, du -st, wi (ji, se) -en; 2. Part. knackt
Knackwurst, w., Knackwust, Knappwust, Mz. -wüst
knallen, ballern, schießen, swv., knallen, ballern, ick knall, du -st, he -t, wi (ji, se) -t; Vg. ick (he) knall, du -st, wi (ji, se) -en; 2. Part. knallt
knapp, eng, kurz bemessen, spärlich, mit genauer Not, gerade noch, knapp, *de Platz is man wat knapp, de Tiet warrt knapp, he is mit knappe Noot dovunkamen*
Knast, Aststelle, m., Knast, Mz. Knäst, auch: *he sitt in 'n Knast*
knattern, swv., gnetern, ick gneter, du -st, he -t, wi (ji, se) -t; Vg. ick (he) gneter, du -st, wi (ji, se) -n; 2. Part. gnetert

knausern, geizen, swv., kniesen, gniesen, ick gnies, du -st, he -st, wi (ji, se) -st; Vg. ick (he) gnies, du -st, wi (ji, se) -n; 2. Part. gniest; **Geizhals,** m., Kniesbock

Knebel, m., Knevel, Mz. Knevel, Warwel, Mz. -s, *legg de Warwel vör de Döör*

knebeln, fesseln, Tür verschließen, swv., kneveln, knäveln, ick knevel, du -st, he -t, wi (ji, se) -t; Vg. ick (he) knevel, du -st, wi (ji, se) -n; 2. Part. knevelt; *he hett em knevelt, warwel de Döör to*

Knecht, m., Knecht, Mz. -en

kneifen, stv., kniepen, ick kniep, du knippst, he knippt, wi (ji, se) kniept; Vg. ick (he) kneep, wi (ji, se) knepen; 2. Part. knepen; kniepögen = blinzeln, Knieper = Augenglas

Kneifzange, w., Knieptang, Mz. -gen

kneten, swv., kneden, knäden, ick kneed, du -st, he -t, wi (ji, se) -t; Vg. ick (he) kneed, du -st, wi (ji, se) -n; 2. Part. kneedt

Knick, m., Knick, Mz. -s

knicken, falten, auch Knick abschlagen, swv., knicken, ick knick, du -st, he -t, wi (ji, se) -t; Vg. ick (he) knick, du -st, wi (ji, se) -en; 2. Part. knickt; *de Storm hett de Bööm eenfach afknickt*

Knie, s., Knee, Mz. -n

knien, swv., kneen, ick knee, du -st, he -t, wi (ji, se) -t; Vg. ick(he) knee, du -st, wi (ji, se) -n; 2. Part. kneet; *he kneet sick dal*

Kniff, Streich, m., Kneep, Mz. -, auch: Dreih, *de(n) Dreih nich kriegen*

Knirps, m., Bötel, Spiddelwipp(s), Mz. -s (-sen)

knirschen, swv., gnaastern, gnarschen, ick gnaaster, du -st, he -t, wi (ji, se) -t; Vg. ick (he) gnaaster, du -st, wi (ji, se) -n; 2. Part. gnaastert

Knoblauch, m., Knuuvlook

Knochenmark, s., Murk

knochig, knakig, knökerig

Knöchel, m., Knövel, Mz. -s

knöpfen, swv., knöpen, ick knööp, du -st, he -t, wi (ji, se) -t; Vg. ick(he) knööp, du -st, wi (ji, se) knöpen; 2. Part. knööpt

Knösel (Pfeife zum Rauchen), m., Knösel, Mz. -s

Knopf, m., Knoop, Mz. Knööp

Knopfloch, s., Knooplock, Mz. -löcker

Knoten, Verwicklung, m., Knütt, Knütten, Mz. -s; **Strickstrumpf,** m., Knütthaas; **Strickzeug,** s., Knüttüüch; s., Strickgarn, -goorn

knoten, knüpfen, stricken, knütten, ick knütt, du -st, he knütt, wi (ji, se) -; Vg. ick (he) knütt, du -st, wi (ji, se) -n; 2. Part. knütt

Knüppel, m., Knüppel, Mz. -s

knusperig, krosch, (kroscher, an'n kroschsten), kroß

knutschen, küssen, drücken, swv., knuutschen, ick knuutsch, du knuutscht, he knuutscht, wi (ji, se) -t; Vg. ick (he) knuutsch, du -st, wi (ji, se) -en; 2. Part. knuutscht; küssen, 2. Part. küßt

Koch, m., Kock, Mz. -en

Köchin, Kööksch, Mz. -en, Grapenpüüster

kochen, aufbrausen, swv., kaken,

ick kaak, du -st, he -t, wi (ji, se) -t; Vg. ick (he) kaak, du -st, wi (ji, se) kaak(t)en; 2. Part. kaakt; *Mudder kaakt den Kaffe*

Kochtopf, m., Grapen, Graap, Mz. -s; Kaakputt, Mz. -pütt

kochend, kaken, kakendig, *he gütt kaken (kankendig) Water up de Kaffe*

Köhm (Kümmel), m., Kööm

König, m., König, Mz. -en

können, stv., könen, ick kann, du -st, he kann, wi (ji, se) köönt; Vg. ick (he) kunn, du -st, wi (ji, se) -en; 2. Part. kunnt

Koffer, m., Kuffer, Mz. -s

Kohle, w., Kahl, Köhl, Mz. -en, auch: Geld, gib mir die Kohle = *giff mi de Köhl*

Koje, w., Koje, Mz. n

Kombüse, w., Kombüüs, Kabüüs

komisch, seltsam, komisch, abasig

komisch, sonderbar, snaaksch, *dat is 'n snaaksche Saak*

kommen, stv., kamen (komen), ick kaam, du kümmst (kummst), he kümmt (kummt), wi (ji, se) kaamt; Vg. ick (he) keem, du -st, wi (ji, se) kemen; 2. Part. kamen

Komödie, w., Kumedie

Konfirmand, m., Kumfermand, Mz. -en; w., Kumfermandin

Konfirmation, w., Kumfermatschoon

konnte, ich, ick kunn (s. können)

Kopf, m., Kopp, Mz. Köpp, Dööts, *nimm dien'n Dööts weg*

Kopfbedeckung, w., Kabuuz, Mz. -buzen; m., Hoot, Mz. Hööt; w., Mütz, Mz. -en

Kopf hängen lassen, swv., nülen, ick nüül, du -st, he -t, wi (ji, se) -t; Vg. ick (he) nüül, du -st, wi (ji, se) nülen; 2. Part. nüült

Kopfschmerzen, Mz. Koppwehdaag, Koppien, Koppwrack

kopfschütteln, swv., schüddkoppen, ick schüddkopp, du -st, he -t, wi (ji, se) -t; Vg. ick (he) schüddkopp, du -st, wi (ji, se) -en; 2. Part. -koppt

kopfüber, koppheister

kopfwiegen (mit dem K. hin- und herwiegen), baukoppen

Kopfzerbrechen, s., Koppwrack

Koppel, s. u. w., Koppel, Köppel, Mz. -s, a) Militär: Leibriemen, Gurt, b) Feld, Wiese, c) zusammengebundene Viehmenge

Korb, m., Korf, Mz. Körv; Kiep, Mz. Kiepen

Korinthenkuchen, m., Krintenstuten

Korn, s., Koorn, Kurrn, Mz. -s

Kost, Speise, w., Kost; **Speisung,** w., Köst

kosten, gelten, wert sein, stv., gellen, gelden, ick gell, du -st, he -t, wi (ji, se) -t; Vg. ick (he) gull/güll, du -st, wi (ji, se) gullen; 2. Part. gollen (gullen, güllen)

Kot, fester, m., Kötel, Mz. -s

Krabbe, w., Krabb, Mz. -en

Kräfte, Gewalt, w., Knööv, *he hett bannig veel Knööv*

kräftig, deftig, dennig, dannig, kresig

kräftig, energisch, ekarsch

Krähe, w., Kreih, Mz. -en

krähen, swv., kreien, kreihen, ick kreih, du -st, he -t, wi (ji, se) -t; Vg. ick (he) kreih, du -st, wi (ji, se) -en; 2. Part. kreiht; *de Hahn de kreiht*

kränkeln, swv., quienen, piepeln, süken, ick süük, du -st, he -t, wi (ji, se) -t; Vg. ick (he) süük, du -st, wi (ji, se) -en; 2. Part. süükt

kränklich, küüm, peverig, üsselig, usselig, *he is man 'n lütt Üssel*

Kraft, Mut, Courage, w., Kraasch

kraftlos (z. B. Speisen), labberig

Kragen, m., Kragen, Kraag, Mz. Kragen, *dat geiht um Kopp un Kraag (Kragen)*

krakelen, lärmen, swv., krakelen, krakeeln, ick krakeel, du -st, he -t, wi (ji, se) -t; Vg. ick (he) krakeel, du -st, wi (ji, se) krakelen; 2. Part. krakeelt

krall, krall, *he is wedder krall*

Kram, m., Kraam, Kraamstücken

kramen, suchen, ordnen, swv., kramen, ick kraam, du -st, he -t, wi (ji, se) kraamt; ick (he) kraam, du -st, wi (ji, se) kramen; 2. Part. kraamt

kramen, hantieren, (Ang. püsseln)

Krampe, w., Kramp, Mz. -en

Krampf, m., Kramp, Ramm

Krammetsvogel, m., Krammsvagel, Mz. -n

Kran, m., Kraan, Mz. Kranen

Kranich, m., Kraan, Kroon, Mz. -en, -s

krank, süük, sük, seek

Krankenhaus, s., Sekenhuus, Mz. -hüüs, Krankenhuus

Krankheit, Seuche, w., Süük, Mz. Süken; **Siechtum,** s., Süükdoom, Seekdoom

Kranz, m., Kranz, Mz. Kränz

Kratt, s. u. m., Kratt, Mz. -s

kratzen, im Schmutz wühlen, swv., klarren, kleien, ick klei, du -st, he -t, wi (ji, se) -t; Vg. ick (he) klei, du -st, wi (ji, se) -en; 2. Part. kleit, *se kleit sick,* aber auch: *klei mi (di) an Moors*

kratzen, sich (z. B. der Hund), stubben; 2. Part. stubbt

kratzen, graben, auch: kraulen, streicheln, swv., kleien

kraus, kruus, kruse (kruser, an'n kruusten)

Kraut, Gewürz, s., Kruut, Mz. Krüder

Kreide, w., Kriet, Kried

kreidebleich, kriedenwitt

kreischen, swv., krieschen, ick kriesch, du -st, he -t, wi (ji, se) kriescht; Vg. ick (he) kriesch, du -st, wi (ji, se) -en; 2. Part. kriescht

Kreis, m., Krink, Mz. -en

Kreisel, m., Krüsel, Küsel, Mz. -s, Brummkrüsel

Kreisel, Wirbel, m., Küsel, Küssel, Mz. -s

krellen, drehen, kräuseln, swv., krellen, krillen, ick krell, du -st, he -t, wi (ji, se) -t; Vg. ick (he) krell, du -st, wi (ji, se) -en; 2. Part. krellt

krempeln, umwenden, swv., krempen, krempeln, ick krempel, du -st, he -t, wi (ji, se) -t; Vg. ick (he) krempel, du -st, wi (ji, se) -n; 2. Part. krempelt

krepieren, sterben, swv., krepeeren; 2. Part. krepeert, *de Farken krepeert, dor krepeerst nich an*

Kreuz, s., Krüüz, Mz. Krüzen

Kreuzotter, Krüüzadder, Mz. -n

Kreuzpfahl, Wegweiser, m., Krüüzpahl, Wiespahl, Mz. -en

kreuzen, gegen den Wind kreu-

zen, swv., krüzen, ick krüüz, du -st, he -t, wi (ji, se) -t; Vg. ick (he) krüüz, du -st, wi (ji, se) krüzen; 2. Part. krüüzt; *de Straten krüüzt sick*

kribbeln, swv., kribbeln, ick kribbel, du -st, he -t, wi (ji, se) -t; Vg. ick (he) kribbel, du -st, wi (ji, se) -n; 2. Part. kribbelt

kriechen, stv., krupen, ick kruup, du krüppst, he krüppt, wi (ji, se) kruupt; Vg. ick (he) krööp/kropp, du -st, wi (ji, se) -n; 2. Part. krapen

Krieg, m., Krieg, Mz. -e

kriegen, fassen, stv., kriegen, ick krieg, du kriggst, he kriggt, wi (ji, se) kriegt; Vg. ick (he) kreeg, du -st, wi (ji, se) kregen; 2. Part. kregen, *paß up, ick krieg di, se hebbt sick kregen* (sich gefunden)

Kriminal, Kriminal, Kriminalinspekter

Krimskrams, s., Krimskrams

Krippe, w., Krüff, Mz. Krübben; ein Pferd, das nichts taugt: Krüffenbieter

Krips, *bi 'n Krips nehmen*

Kröte, s., Krööt, Mz. Kröten, m., Lork, Mz. -en; m. u. w., Ütz, Üütz, Üts, Üütspogg, Mz. -en, *du ole Ütz* = jemand der stichelt, üützig = unfreundlich

Krokus, m., Saffran

Krone, w., Kroon, Mz. Kronen

Kropf, m., Kropp

Krücke, w., Krück, Mz. -en

Krüger, m., Kröger, Mz. -s; Frau des Krügers, w., de Krögersch

Krümmung, Biegung, w., Böög, Mz. Bögen

Krüppel, m., Kröpel, Mz. -s; Stackel, Mz -s

krüppelhaft, kröpelig, stackelig

Krug, Schenke, m., Kroog, Mz. Kröög

Kruke, w., Kruuk, Mz. Kruken

krumen (einbrocken), swv., krömen, ick krööm, du -st, he -t, wi (ji, se) -t; Vg. ick (he) krööm, du -st, wi (ji, se) krömen; 2. Part. kröömt; *he hett wat in de Melk to krömen*

krumm, gedrungen, duuknackt

krumm, krumm

krummbeinig, scheefbeent

Kruste, w., Köst, Mz. -en

Kuchen, m., Koken, Kook, *de Kook smeckt avers*

Kuckuck, m., Kukuuk, Mz. -s

Küche, w., Köök, Mz. Köken; Kökendöör, Kökenschapp, Kökendisch

Küchenabfälle, m., Drank, Dranktunn

kühl, köhlig

Küken, s., Küken, Mz. -s

kümmerlich, klöterig, klaterig, mickerig, schraat, schrade, spittelig, (Ang. ünklig)

kündigen, aufkündigen, swv., künnigen, ick künnig, du -st, he -t, wi (ji, se) künnigt; Vg. ick (he) künnig, du -st, wi (ji, se) künigen; 2. Part. künnigt; *du büst künnigt*

künftige, nächste, kamen, tokamen, *kamen Week*

Kürbis, m., Körbs, Mz. -en, Flaschappel, Mz. -s

kürzlich, körtens

küssen, swv., küssen, ick küß, du küßt, he küßt, wi (ji, se) küßt; Vg. ick (he) küß, du küßt; wi (ji,

se) küssen; 2. Part. küßt, snuteln
Küster, m., Köster, Koster, Mz. -s
Kuh, w., Koh, Mz. Köh; Feerkoh = nicht trächtige Kuh
Kuh, junge, Starke, w., Stark, Mz. -en; Quie, Mz. -n, Quienkoppel = Weide für Jungvieh,
Kuhle, w., Kuul, Mz. Kulen
Kumme, flache Schüssel, w., Kumm, Mz. -en
Kummet (Teil vom Pferdegeschirr), s., Kumt
Kunde, der, m., Kunn, Mz. -en
Kunde, die, w., Kunn
Kupfer, s., Kopper
kupfern, koppern
Kurbel, auch: Drechsler, m., Dreiher, Mz. -s
kurz, kort, körter, an 'n körtsten
Kuß, m., Kuss, Kuß, Küss, Söten, Mz. -s
Kutsche mit Verdeck, w., Schees, *se föhrt mit de Schees to Kark*
Kwaste (Kalkquaste), w., Quast, Mz. -en

L

lachen, swv., lachen, ick lach, du -st, he -t, wi (ji, se) lacht; Vg. ick (he) lach, du -st, wi (ji, se) -en; 2. Part. lacht; *ick will di wat lachen, he hett nix bi em to lachen*
lachen, still vor sich hin, swv., grieflachen, grifflachen
lächeln, swv., (Ang. schmieln). swv., grienen, ick grien, du -st, he -t, wi (ji, se) grient; Vg. ick (he) grien, du -st, wi (ji, se) -en; 2. Part. grient
Lächeln, das, m., Grientje
lächerlich, lachhaft, lachhaftig, *dat is je lachhaftig*
Lade, Truhe, Kiste, Schublade, w., Laad, Mz. Laden
Laden, Fenster-, Geschäft, m., Laden, Mz. -s
Ladenscheibe, w., Ladenschiev, Mz. -en
laden, be-, aufladen, swv., laden, ick laad, du -st, he -t, wi (ji, se) laadt; Vg. ick (he) laad, du -st, wi (ji, se) laden; 2. Part. laadt
Länge, w., Läng, Längde, Mz. Längen
Längsrichtung, in, der Länge nach, verlangs, vörlangs, *he full verlangs in de Beek*
Lärm, m., Krakeel, Larm
Lärmmachender, m., Krakeler
Lärm, Spaß, m., Larm, Spalk, Spektakel, Spitakel
lärmen, schimpfen, schreien, swv., krakelen, ick krakeel, du -st, he -t, wi (ji, se) -t; Vg. ick (he) krakeel, du -st, wi (ji, se) -len; 2. Part. krakeelt
lärmen, swv., larmen, *wat larmst du so,* 2. Part. larmt
Lärm, Tumult, (Ang. Stahoi)
lässig, müde, abgespannt, lösig, *ick bün wat lösig*
Lage, Schicht, w., Laag, Mz. Lagen; Legg, Mz. -en
Lager, s., Lager, Mz. -s
lagern, swv., lagern, ick lager, du -st, he -t, wi (ji, se) lagert; Vg. ick (he) lager, du -st, wi (ji, se) -n; 2. Part. lagert
Lagerraum im Bauernhaus, w., Bans, Mz. -en
lahm, lahm, spattlahm

Laken, s., Laken, Mz. -s
Lamm, weibl., s., Aulamm, Elamm, Mz. -lämmer (-lammer)
Lamm, s., Lamm, Mz. Lämmer (Lammer)
Lampe, w., Lamp, Mz. -en; Krüsel, Mz. -s
Land, s., Land, Mz. Länner, *op 't Land*
Land, hochgelegenes, Geest
landen, an Land gehen, swv., lannen, landen, ick lann, du -st, he -t, wi (ji, se) -t; Vg. ick (he) lann, du -st, wi (ji, se) -en; 2. Part. landt
Landgut, s., Goot, Mz. Göder
Landstreicher, m., Pennbroder, Mz. -bröder; Pracher, Mz. -s
Landwirtschaft, w., Bueree
Landwirtschaft betreiben, swv., buurwarken, he buurwarkt; 2. Part. buurwarkt
lang, lang, länger, an 'n längsten, *dat duert mi to lang*
lang aufgeschossen, stakig, *he is bannig stakig*
langbeinig, langbeent
Langeweile, w., Langewiel
langweilig, langwielig, dröhnig
langweiliger Mensch, Langweiler, m., Dröhnbüdel, Mz. -s; Drömelklaas
langsam, langsam, langsaam, *man langsaam mit de jungen Peer*
langsam arbeiten, swv., nößeln, ick nößel, du -st, he -t, wi (ji, se) -t; Vg. ick (he) nößel, du -st, wi (ji, se) -n; 2. Part. nößelt
langsam, sachte, sachte, suutje, *man sachte mit de jungen Peer*
langsam sein, swv., nödeln (s. auch nößeln)
Lappen, Lumpen, m., Lappen, Mz. -s, Futt, Mz. Fudden
lassen, stv., laten, ick laat, du lettst, he lett, wi (ji, se) laat; Vg. ick (he) leet, du -st, wi (ji, se) leten; 2. Part. laten
Laterne, w., Lateern, Mz. -ternen, Latücht; Lücht, Mz. -en; Schienfatt, Mz. -en
Latein, s., Latien, *dat is 'n latiensche een, he snackt latiensch, dat is latiensch för mi*
latschen, swv., latschen, ick laatsch, du laatschst, he laatscht, wi (ji, se) laatscht; Vg. ick (he) laatsch, du -st, wi (ji, se) laatschen; 2. Part. laatscht
Latte, schräge am Sparren, w., Sweeplatt, Mz. -en
Lattenzaun, m., Rickels, Mz. -
lau, feucht, schwül, lomig, lummerig
lauwarm, (Ang. lunk)
Laub, s., Loof, Loov
Laube, w., Lööv, Loov, Lööf, Lauf, Mz. -en
Lausebengel, m., Luusangel
lauern, swv., luern, ick luer, du -st, he -t, wi (ji, se) -t; Vg. ick (he) luer, du -st, wi (ji, se) -n; 2. Part. luert
lauern, ausspähen, spionieren, swv., kukeluren, kunkeluren, he kunkeluurt, 2. Part. kunkeluurt, kukeluurt; kunkeleren, 2. Part. kunkeleert; luven, 2. Part. luuvt
Lauer, w., Luur, Luer, *he liggt up de Luur*
lauernd aussehen, ausschauen, swv., glupen, ick gluup, du -st, he -t, wi (ji, se) -t; Vg. ick (he)

gluup, du -st, wi (ji, se) glupen; 2. Part. gluupt
lauernd, stürmisch, *he is so gluupsch*
Läufer, m., Löper, Mz. -s
läufig, brünstig, lööpsch, *de Hund is lööpsch,* bramstig
läuten, swv., lüden, ick lüüd, du -st, he -t, wi (ji, se) -t; Vg. ick (he) lüüd, du -st, wi (ji, se) lüden; 2. Part. lüüdt; *de Klocken lüüdt*
Lauf, m., Loop, Mz. Lööp
laufen, stv., lopen, ick loop, du löppst, he löppt, wi (ji, se) loopt; Vg. ick (he) leep, du -st, wi (ji, se) lepen; 2. Part. lopen
laufen, unruhig, swv., (heeß)pesen, ick - pees, du -st, he -t, wi (ji, se) -t; Vg. ick (he) -pees, du -st, wi (ji, se) -pesen; 2. Part. -peest
Laune, w., Luun, Mz. Lunen
Laune, schlechte, m., Muck, Mz. -en; slechte Luun, *he hett 'n slecht Luun*
launisch, übel, mucksch, *he is mucksch;* muulsch
launenhaft, luunsch, nücksch
Laus, w., Luus, Mz. Lüüs
lausig, neetsch, netig
laut, luut, lude, (luder, an 'n luudsten)
laut, sehr, luuthals
lebbern, zusammenlebbern, lebbern, läbbern, labbern, *dat lebbert sick*
leben, existieren, swv., leven, leben, läven, ick leev, du -st, he -t, wi (ji, se) -t; Vg. ick (he) leev, du -st, wi (ji, se) leven; 2. Part. leevt
Leben, das, Lebenslust, auch: Trubel, s., Leven, Leben, Leef, *dor is Leven in de Buud/Bood*
Lebenszeit, w., Levenstiet, Mz. -tieden
lebendig, lebennig, lebendig
lebendig, schnell, quick
lebhaft, munter, risch, kurrig
Leber, w., Lever, Lebber, Mz. -n; Lebberwurst, Mz. -wüst
Lebtag, m., Leevdag (Läävdag), Mz. -daag
Lebtag, mein, mienleev, maleev, mien Leevdag
Leck, Leckstelle, undichte Stelle, s., Leck, Mz. -en
Leckage, w., Leckaasch, Mz. -en
lecken, tröpfeln, swv., lecken, ick leck, du -st, he -t, wi (ji, se) -t; Vg. ick (he) leck, du -st, wi (ji, se) -en; 2. Part. leckt
lecken, schlecken, swv., licken, *he lickt den Pott ut;* lickmulen
Leder, s., Ledder
Lederschürze, w., Schootfell, Mz. -en
Ledertasche, w., Holster, Leddertasch, Mz. -en
leer, lose, lerrig, leddig, lack
Lee, Lee, *Luuv un Lee*
Leib, m. u. s., Lief, Liev, Mz. -er, *hau di den (dat) Lief vull*
Leibschmerzen, Liefpien
Leiche, w., Liek, Mz. -en
Leichdorn, Hühnerauge, m., Liekdoorn, Lieckduurn
leicht, licht
leichtfertig, lichtfardig, -fahrig
Leid, s., Leed, Mz. Leden
leid, leed, *dat deit mi leed*
leiden, dulden, erlauben, stv., lieden, ick lied, du liddst, he litt, wi (ji, se) liedt; Vg. ick (he) leed,

du -st, wi (ji, se) leden; 2. Part. leden; *ick lied dat nich*

leihen, entleihen, swv., lehnen, ick lehn, du -st, he -t, wi (ji, se) lehnt; Vg. ick (he) lehn, du -st, wi (ji, se) lehnen; 2. Part. lehnt

Leim, m., Liem

leimen, kleben, swv., liemen, ick liem, du -st, he -t, wi (ji, se) -t; Vg. ick (he) liem, du -st, wi (ji, se) -en; 2. Part. liemt

Leine, w., Lien, Mz. -en

Leinpfad, Treidelweg, m., Lienpadd, Mz. -en

Leinen, s., Linnen; **Wäscheschrank,** Linnenschapp

Leinen, aus, linnern

leise, lies, liesen

leise, sanft, sacht, *gah sacht mit em üm*

leiser Ton, m., Muck, Mucks, *nu giff keen Mucks vun di!*

Leiste, w., Leest, Leesten, Liest

leiten, führen, stv., ledden, lieden, ick lied, du -st, he -t, wi (ji, se) liedt; Vg. ick (he) lied, du -st, wi (ji, se) -en; 2. Part. liedt

Leiter, w., Ledder, Mz. -n

Leitersprosse, w., Trall, Tralljen, Treem, Mz. -s

Leitriemen, Litze, Trense, w., Trens, Mz. -en

Leitseil des Pferdegeschirrs, s., Lei, *lang mi mal dat Lei rup*

legen, swv., leggen, ick legg, du -st, he -t, wi (ji, se) leggt; Vg. ick (he) lee, leed, du -st, wi (ji, se) leden; 2. Part. leggt

Lehm, m., Lehm, lehmig

Lehne, s., Lehnels, Löhnels

lehnen, anlehnen, swv., lehnen, ick lehn, du -st, he -t, wi (ji, se) -t; Vg. ick (he) lehn, du -st, wi (ji, se) -en; 2. Part. lehnt; *lehn di an*

Lehnstuhl, m., Lehnstohl, Mz. -stöhl

lehren, lernen, swv., lehren, lihren, liehren, ick lehr/lihr, du -st, he -t, wi (ji, se) -t; Vg. ick (he) lehr, du -st, wi (ji, se) -en; 2. Part. lehrt; *he hett wat lehrt, he lehrt an de hoge School as Professer*

Lehrer, m., Lehrer, Lihrer, Persetter, Mz. -s

Lehrjahr, s., Lehrjohr, **Lehrjunge,** m., Lehrjung; **Lehrzeit,** w., Lehrtiet, Mz. -tieden

Lektion, w., Lex, Mz. -en

Lende, w., Lenn, Mz. -en

Lenker, Führer, m., Leidsmann

Lerche, w., Lark, Leerk, Levark, Mz. -en

Lesebuch, s., Leesbook, Mz. -böker

lesen, stv., lesen, läsen, ick lees, du leest, he leest, wi (ji, se) leest; Vg. ick (he) lees, du leest, wi (ji, se) lesen; 2. Part. leest

letzt, letzt, lest, *du kümmst up't letzt*

Leuchte, Lampe, Licht, w., Lücht, Lantücht, Mz. -en, **Leuchtfeuer,** s., Lüchtfüer

leuchten, swv., lüchten, ick lücht, du -st, he -t, wi (ji, se) -t; Vg. ick (he) lüch, du -st, wi (ji, se) -en; 2. Part. lücht

Leuchter, m., Lüchter, Mz. -s

Leute, Lüüd

Leuwagen, Schrubber, m., Leuwaag, Leuwagen, Mz. -s

Libelle, w., Kohsteert

-lich, -lich, -lik

Licht, Kerze, s., Licht, Liecht, *geiht di 'n Licht up?;* **kümmerliches Licht,** Praas, *dat is avers man 'n Praas*
lieb, leev, (lever, an 'n leevsten), leef, leve, allerleefst
Liebe, w., Leev, Leevde, Leevd
lieber, lever, an 'n leefsten, *mien leve Hans* (als Briefanrede)
Liebste(r), w. u. m., Leefste(n)
Lied, s., Leed, Mz. Leder
liederlich leben, leichtes Leben führen, swv., swutschen, 2. Part. swutscht, *se geiht op 'n Swutsch*
liefern, ausliefern, zusenden, swv., levern, ick lever, du -st, he -t, wi (ji, se) -t; Vg. ick (he) lever, du -st, wi (ji, se) -n; 2. Part. levern
liegen, stv., liggen, ick ligg, du -st, he -t, wi (ji, se) liggt; Vg. ick (he) leeg, du leegst, wi (ji, se) legen; 2. Part. legen
Linde, w., Linn, Mz. -en
lindern, pflegen, schminken, beruhigen, swv., pööschen; 2. Part. pööscht
Lineal, s., Lineal, Lienholt, Mz. -en
links, links, linkerhand
links vom Steuermann, backbord
Linkshänder, m., Linkerpoot, Linkspoot, Mz. -poten
Lippe, w., Lipp, Mz. -en
ließ, ich, ick leet (s. lassen)
Litze, Leitriemen, w., Trens, Mz. -en
loben, swv., löben, löven, laven, ick lööv, du -st, he -t, wi (ji, se) -t, Vg. ick (he) lööv, du -st, wi (ji, se) löven; 2. Part. löövt (laavt)
Lob, s., Loff
Loch, s., Lock, Mz. Löcker
Locke, w., Krüll, Mz. -en
Löffel, m., Lepel, Mz. -s
löten, swv., löden, ick lööd, du -st, he -t, wi (ji, se) -t, Vg. ick (he) lööd, du -st, wi (ji, se) löden; 2. Part. löödt
Löwe, m., Lööv, Mz. Löven, Lööw, Mz. Löwen
Lohn, m., Lohn
lohnen, belohnen, entlohnen, bezahlt machen, swv., lohnen, ick lohn, du -t, he -t, wi (ji, se) -t; Vg. ick (he) lohn, du -st, wi (ji, se) lohnen; 2. Part. lohnt; *dat lohnt sick*
Lokalblatt, -zeitung, s., Keesblatt, Mz. -bläder
Lore (Kohlen-, Sand-, Mergel-), w., Kippkoor, Mz. -koren
los, los
lose, leer, loos, lerrig, lack
los und ledig, quitt
Lot, s., Loot, Mz. Lööd
Lotse, m., Loots, Mz. -en
lotsen, swv., lootsen, ick loots, du -tst, he -tst, wi (ji, se) lootst; Vg. ick (he) loots, du -st, wi (ji, se) lootsen; 2. Part. lootst
Lotterbube, m., Lorbaß; auch, wenn eine bemerkenswerte Größe angedeutet werden soll: *Wat'n Lorbaß, wat?*
Lüge, w., Löög, Mz. Lögen
lügen, stv., legen, lögen, leigen, ick leeg, du lüggst, he lüggt, wi (ji, se) leegt; Vg. ick (he) löög, du -st, wi (ji, se) lögen; 2. Part. lagen; *laat mi nich legen* = ich weiß es nicht genau
lügenhaft, unglaubwürdig, lögenhaft(ig)

Lüste, Mz. Lüsten

Luft, w., Luft, Lucht, *nu hol de Luft an* (als Zurechtweisung), *ick sett di glieks an de Luft*

Luftröhre, w., Strutt, Strott, Mz. -en

Luke, w., Luuk, Mz. Luken

Lumpen, Fetzen, Plunder, Mz. Plünn, Plünnen, *laat uns de Plünnen tosamensmieten* (heiraten), Palten; auch: **abgerissener Mensch,** s., Slunt, Mz. -en; **Lumpensammler,** m., Plünnenkerl, Mz. -s; **lumpig, zerlumpt,** sluntig, plünnerig

Lumpen, Lappen, s., Futt, Mz. Fudden

Lunge,w., Lung, Mz. -en

lungern, herumlungern, betteln gehen, swv., lungern, 2. Part. lungert, *he lungert herum*

lustig, kandidel

Luv und Lee, Luuv un Lee

M

machen,stv., maken, ick maak, du -st, he -t, wi (ji, se) maakt;Vg. ick (he) möök, du -st, wi (ji, se) möken; 2. Part. maakt

machen, bearbeiten, *in de Maak nehmen*

Made, Insektenlarve, w., Maad, Mz. Maden

Mädchen, w., Deern, Diern, Mäken, Mz. -s

Mädchen für drinnen, w., Binnerdeern; **für draußen,** Buterdeern; **Dienstmädchen,** w., Deenstdeern

Mädchen, leichtfertiges, w., Lorksdeern, Mz. -s

mähen (Getreide, Gras), swv., meihen, ick meih, du -st, he -t, wi (ji, se) meiht; Vg. ick (he) meih, du -st, wi (ji, se) meih(e)n; 2. Part. meiht

Mähdrescher, m., Meihdöscher

Mähne, Haartolle, m., Mahn, Mähn, (Mohn)

Märchen, s., Märken, Määrken, Mz. -s

mästen (Schweine), swv., meesten, 2. Part. meest, *he meest Swien*

Magen, m., Maag, Mz. Magen; Panz, Panzen, *he haut sick de Panz vull*

mager, mager

mahlen,swv., mahlen, ick mahl, du -st, he -t; wi (ji, se) -t; Vg. ick (he) mahl, du -st, wi (ji, se) -en; 2. Part. -t

Mahlzeit, Mahltiet, Mz. -tieden

Mahlzins nehmen, swv., matten; 2. Part. matt, *de Möller matt dat Koorn*

mahnen, swv., mahnen, ick mahn, du -st, he -t, wi (ji, se) -t; Vg. ick (he) mahn, du -st, wi (ji, se) mahnen; 2. Part. mahnt

Mahd (Nachmahd), s., Ettgröön

Major, m., Major

Mal, das, s., Ma(a)l, Mz. Malen

mal, mal, malins, eenmal

malen, swv., malen, ick maal, du -st, he -t, wi (ji, se) maalt; Vg. ick (he) maal, du -st, wi (ji, se) malen; 2. Part. maalt

Maler, m., Maler, Mz. -s

Malheur, s., Malöör; **verunglükken,** swv., malören, ick malöör,

du -st, he -t, wi (ji, se) malöört; Vg. ick (he) malöör, du -st, wi (ji, se) -n; 2. Part. malöört; *he malöör mit sien Auto*
manches, mancher, viel, männich, männicheen, meenig, männig, männigeen
manchmal, zuweilen, männichmal, männigmal
manch einer, männicheen, männigeen
Mann m., Mann, Mannsminsch, Mz. Mannslüüd
Mann, Ehemann, m., Ehmann, Keerl, Kerl
mantschen, swv., manschen, *he manscht sick wat t'recht*
Mantel, Umhang, m., Övertrekker, Mantel, Heuken, Mz. -s
Markt, m., Mark(t), Mz. -en (Jahrmarkt)
Mark, Knochen, s., Murk
Marmel, w., Mardel, Marmel, Mz. -s; m., Picker, Mz. -
Marmel spielen, swv., mardeln, ick mardel, du -st, he -t, wi (ji, se) -t, Vg. ick (he) mardel, du -st, wi (ji, se) -n; 2. Part. mardelt; *de Kinner mardelt op de Straat*
Marsch, Marschland, w., Masch
Marscherde, m., Klei
Marschwiesen, Mz. Meden, Weiden, *de Wischen in de Masch*
Masern, s., Mz. Masseln, Maßeln, Masern, (Ang. Messlings)
Maschine, w., Maschien, Mz. Maschinen, aber auch: *se is'n ornliche Maschien*
Masten und Segel, w., Takelaasch (-oosch), Mz. -en
Maß, das, s., Maat, Mz. Maten
Matrose, m., Maat, Matroos, Mz. Matrosen
Matsch, m., Matsch
matschig, matschig
matt, slurig, dämpstig, duff
Matte; w., Matt. Mz. -en
mäuschenstill, musenstill
Mauer, w., Muur, Mz. Muren; Muer, Mz. -n
mauern, swv., muren, müren, muern, ick muer, du -st, he -t, wi (ji, se) -t, Vg. ick (he) muer, du -st, wi (ji, se) -n; 2. Part. muurt; *he muurt sick sien Huus sülvst*
Maurer, m., Muurmann, Mz. -lüüd; Mürker, Müürker, Mz. -s
Maul, s., Muul, *hol dien Muul, he is muulsch*
Maulwurf, m., Mullwarp, Mullewarp, Winnewarp, Mz. -en
Maus, w., Muus, Mz. Müüs, Muuslock, Mz. -löcker, Muusfall
mausig, musig, *maak di nich musig*
Mecklenburg, Mekelnborg
Medizin, w., Medizin
Meer, große Wellen, w., See; **der See,** m., See, Mz. -n
Mehl, s., Mehl
mehlig, mehlig
mehr, mehr, mihr, mehrste, mehrstendeels
Meierei, Molkerei, w., Meierie
Meiereileiter, Meierist, m., Meierist
Meile, w., Miel, Mz. -en
mein Lebtag, mienleev, maleev, miendag, mien Leevdag
meinen, annehmen, der Ansicht sein, swv., menen, ick meen, du -st, he -t, wi (ji, se) -t; Vg. ick (he) meen, du -st, wi (ji, se) -en; 2. Part. meent

meinethalben, mienthalven
meinetwegen, mientwegen, mienetwegen
Meinung, w., Menen, *mien Menen is, dat...*
meist, meist, meistendeels
meistens, mehrst, mehrstendeels, mehrstiets
meistens, meisttiet
Meister, m., Meister, Meester, Mz. -s; Baas, Mz. Basen
Meißel, m., Beitel, Betel
melden, bestellen, in der Schule: sich melden, auch: petzen, swv., mellen, melden, ick mell, du -st, he -t, wi (ji, se) -t; Vg. ick (he) mell, du -st, wi (ji, se) -en; 2. Part. mellt
Melkbock, m., Melkschemel, Dreebeen
Melkmaschine, w., Melkmaschien, Mz. -schinen
melken, swv., melken, ick melk, du -st, he -t, wi (ji, se) -t; Vg. ick (he) melk, du -st, wi (ji, se) -en; 2. Part. melkt; auch: aussaugen, ausplündern, Geld abnehmen, *he melkt em*
Mengkorn, w., Wrasch
Menge, eine, ’n Barg
Mensch, m., Mensch, Minsch, Mz. -en, *Minschenskind, wat maakst du dor?*
Menschheit, w., Minschheit, Menschheit
Mensch, alberner, m., Mallaap, Mz. -apen
Mensch, bedauernswerter, (Ang. Stackel, Ussel, Üssel, *he is man ’n lütt Üssel)*
Mensch, bedeutungsloser, m., Stackel, Mz. -s
Mensch, einfältiger, m., Tüffel, tüffelig, Dummbüdel, Dummerjahn, Mz. -s
Mensch, langweiliger, m., Dröhnbüdel, Mz. -s
Mensch, unangenehmer, m., Lork, Mz. -s
Mensch, ungeschickter, m., Taps, Mz. -, tapsig; Drempel, Drumpel, Drümpel, Mz. -s
Mensch, zerlumpter, m., Spöker, Mz. -s
merken, bemerken, verspüren, sich etwas merken, swv., marken, ick mark, du -st, he -t, wi (ji, se) -t; Vg. ick (he) mark, du -st, wi (ji, se) -en; 2. Part. markt
Messer, s., Mess, Meß (Brot-, Kees-, Slachtermeß), Mz. Messers; Mest, Mz. Mesten; Metz, Mz. Metzen; Kniev, Mz. Knieven
Messer, Dolch, abgenutztes Messer, s., Pook, Mz. Poken, Pöök
Messerheft, w., Schööl (Schoel), Mz. -s
Messerklinge, s., Lemmer, Lemmels, Mz. -s
Messer, schlechtes, s., Fuuk, Mz. Fuken
Messing, s., Missing, **aus Messing,** missingsch
Mettwurst, w., Mettwust, Mz. -wüst
mich, mi, mik, **meine,** mien
mies, mies
Miete, w., Hüür, Mz. Hüren
mieten, swv., hüren, hüern, ick hüür (de Wohnung/Wahnung), du -st, he -t, wi (ji, se) -t; Vg. ick (he) hüür, du -st, wi (ji, se) hüürn; 2. Part. hüürt; **Pächter,**

Hüürbuer, **Stellenvermittler,** Hüürbaas; meden, ick meed, du -st, he -t, wi (ji, se) -t; Vg. ick (he) meed, du -st, wi (ji, se) -en; 2. Part. meedt

Miete aus Stroh, w., Miet, Mz. -en

Milch, w., Melk

Milchkanne, w., Melkkann, Mz. -en, Melkdeern, Melkkumm, Melkkoh

Milchsuppe, w., Melksupp, (Ang. Welling), Mz. -en

Minute, w., Minut, Minuut, Mz. Minuten, *dat duert bloots 'n Minut*

mischen, swv., mengeleren, mengelieren, ick mengeleer, du -st, he -t, wi (ji, se) -t; Vg. ick (he) mengeleer, du -st, wi (ji, se) -n; 2. Part. mengeleert; *he mengeleert de Farven*

Mist, m., Miß, Miss, Mess, Meß, **Mistforke,** w.; Mißfork, Mz. -en; **Mistkarre,** w., Mißkoor, Mz. -koren; **Mistwagen,** m.; Mißwaag, Mz. -wagen; **Mistkuhle,** w., Mißkuul, Mz. -en

misten, ausmisten, swv., missen, ick miß, du -t, he -t, wi (ji, se) -t; Vg. ick (he) miß, du -t, wi (ji, se) missen; 2. Part. mißt, *he mißt de Kohstall ut*

mißgestaltet, unförmig, waanschapen, wahn-

mitrauisch, argdenkern

mit, mit, mit 'e, mit 'n, mit 't

Mitglieder in einem Verein, m., Liddmaat, Mz. -maten

Mittag, Mittagessen, m. u. s., Middag, Meddag, middaags, meddaags

Mitte, w., Merr, Mitt, *in de Mitt, in de Merrn*

Mittelsmann, m., Middelsmann, Mz. -lüüd

mittendrin, mang, merrnmang, middenmang

mitten, midden, middenmang, merrn, tomerrn, tomidden

Mittwoch, m., Middeweken, Middwoch

mir scheint, mi dücht

Mode, w., Mood, Mz. Moden, *dat is all lang ut 'e Mood*

Möbelstück, altes, s. u. w., Scharteek, Mz. -teken, (alte Jungfer, giftende Frau: *du ole Scharteek)*

Möhre, w., Wörtel, Wöttel, Wuttel, Mz. -n

mögen, stv., mögen, ick mag, du -st, he mag, wi (ji, se) möögt; Vg. ick (he) much (müch), du -st, wi (ji, se) -en; 2. Part. mucht

möglich, möglich

Möwe, w., Mööv, Mz. Möven, Möveneier

Mond, m., Maan(d), Moon(d)

Mondschein, m., Maan(d)schien, *du kannst mi in Maan(d)schien begegen*

Monat, m., Maand, Mz. en

Montag, m., Maandag, maandaags

Moor, Schlamm, s., Moor; m. u. w., Mudd, Mudder, Modder

moorig, moorig

Moorkuhle, w., Moorkuul, Mz. -kulen

Moors, Arsch, m., Moors, Oors

Mord, m., Moord, Mz. -e

Mücke, w., Mügg, Mz. -en

müde, erschöpft, mööd, beet, marood, *wi sünd all so richtig beet*

müde, lässig, lösig

Mühe, w., Möh, Mz. -en, Möögd,

ick heff mi Möögd geven; Meuh, Meucht
Mühle, w., Möhl, Mz. -en, Windmöhl, Windmöller, Windroos, Mz. -rosen
Müller, m., Möller, Mz. -s
mürbe, möör, rööd, röög, *de Koken/Kook is möör*
mürrisch, wrantig, wrucksch, gnatterig, gnegelig, gnietschig, druus, -e, mucksch, muulsch, *se is wedder mal muulsch/mucksch*
mürrisch, eigensinnig, (Ang. tweerig, *he is 'n tweerigen Minsch*)
müssen, stv., möten, ick mutt, du -ßt, he mutt, wi (ji, se) mööt; Vg. ick (he) müß, du müßt, wi (ji, se) müssen; 2. Part. mußt, müßt
-mütig, mödig, möödsch, övermöödsch
muffig, muffig
Mulde, Rille, flacher Trog, w., Mull, Moll, Mz. -en
Mund, m., Mund, Mz. Münner
Mund, Maul, w., Keek, Mz. Keken; s., Muul, Mz. Müler
Mund, loser, m., Rappel, Flapp, Flabb, Babbel, Sabbel, *hol dien Sabbel, du Flapp* (Flapp = Schnösel)
Mundwerk, großes, w., Rappsnuut, Mz. -snuten, Klöter, *wat hest du bloots för 'n Klöter*
munden, swv., munnen, 2. Part. mundt, *dat mundt*
mundfaul, mundfuul
Mundharmonika, w., Mundorgel
munter, kregel, kurrig, *he is wedder kregel*
Mus, s., Moos, Appelmoos
musig, weich, mosig
Muschel, w., Muschel, Mussel, Mz. -n
Musik machen (schlechte), swv., dudeln, ick dudel, du -st, he -t, wi (ji, se) -t; Vg. ick (he) dudel, du -st, wi (ji, se) -n; 2. Part. dudelt; *he dudelt sick wat t'recht*
Musik, w., Musik
Musikant, m., Muskant, Mz. -en
muß, ich, ick mutt (s. müssen)
Mut, Courage, Kraft, m. u. w., Kraasch, Moot
zumute, tomoot, *dor is mi nich na tomoot*
mutlos, sluukohrig
Mutter, w., Moder, Mudder, Modder, Mz. -s
Muttermilch, w., Titt, Modermelk
Muttersprache, w., Moderspraak
Muus, in Gruus un Muus

N

na, (Ausruf)
Nabe, Radnabe, w., Naav, Mz. Naven
Nabel, m., Navel
nach, na
nachäffen, naapen
nachmachen, namaken, *he maakt dat na*
Nachbar, m., Naver, Mz. -slüüd
Nachbarschaft, w., Naverschop
nachdenken, stv., nadenken, ick denk, du -st, he -t, wi (ji, se) denkt; Vg. ick (he) dach, du -st, wi (ji, se) -en; 2. Part. dacht
nachdenklich, nadenkern
Nachgeburt, (Ang. Scharn)

nachher, nahstens, nöödst, to nööst, achterna
nachlässig, flusig, lodderig, nuschelig, nusselig, slantig, slunterig, (Ang. lösig, schleu)
nachlässig nähen, swv., prünen, ick prüün, du -st, he -t, wi (ji, se) -t; Vg. ick (he) prüün, du -st, wi (ji, se) prünen; 2. Part. prüünt
Nachmahd (Gras), w., Namatt
Nachmittag, m., Namiddag, Mz. -e
nachmittags, namiddags, namiddaags
Nachrede, Rückschlag, m. u. w., Naklapp, m., Nasnack
Nachricht, w., Naricht, Mz. -en
nachsagen, nachreden, schwatzen, flattern, swv., flarren, fladdern; 2. Part. flarrt, fladdert
Nachsicht, w., Nasicht
Nacht, w., Nacht, Mz. -en; **Abendessen,** s., Nachtmahl
Nachteule, w., Nachtuul, Mz. -ulen
nachtens, zur Nachtzeit, nachtens, nachtslapen, *to nachtslapen Tiet*
Nachteil, m., Nadeel, Mz. -delen
nachtragend, nadreegsch
Nacken, w., Nack, Mz. Nacken; m. Nacken, Mz. Nackens, *he hett 'n stieve(n) Nack*
nackt, naakt, nakend, nakelt, bloot, bleeksteert, splitternaakt
Nadel, w., Nadel, Mz. -s
nächst, künftig, kamen, tokamen, *tokamen Week*; neegst (s. nahe)
nächstens, nööst
nähen, swv., neihen, ick neih, du -st, he -t, wi (ji, se) -t; Vg. ick (he) neih, du -st, wi (ji, se) -en; 2. Part. neiht
närrisch, narrsch, *'n narrschen Kraam*
Nagel, m., Nagel, Mz. -s, Nägel, *Nagels mit Köpp maken*
Nagel, großer, m., Spieker, Mz. -s
Nagel, kleiner, m., Pinn, Mz. -en
nagen, beißen, auch: nörgeln, verdrießen, swv., gnagen, ick gnaag, du -st, he -t, wi (ji, se) -en; Vg. ick (he) gnaag, du -st, wi (ji, se) gnagen; 2. Part. gnaagt
nahe, nah, neger, neegste, neeg, neegst, nöög
Nähe, w., Neegde, *in de Neegde, Nöögde*
Nahrung, w., Nohrn, (jemand etwas verdienen lassen: *in Nohrn setten*)
Naht, w., Naht, Mz. Nööhd
Name, Bezeichnung, m., Naam, Mz. Namen
Napf, s., Back
Narbe, w., Narv, Mz. -en
Narzisse, w., Zittlöösch, Mz. -löschen
naschen, schleckern, swv., snopen, ick snoop, du -st, he -t, wi (ji, se) -t; Vg. ick (he) snoop, du -st, wi (ji, se) snopen; 2. Part. snoopt
Nase, w., Nääs, Mz. Näsen; Nees, Mz. Nesen; **hochnäsig,** *stick dien Nääs nich in anner Lüüd Saken*
Naseweis, m., Nääswies, Neeswies, Wiesnääs, Wiesnees, Mz. -en
naß, natt, *he steiht dor as so 'n natte(n) Sack*
naßkalt, nattkoolt
Natter, Schlange, w., Slang, Mz. -en

Natur, w., Natuur, Natur
neben, neven, blangen, *blangen de Döör;* neffen
nebenbei, bilöpig, blangenbi, biweeglang
Nebel, m., Nevel, Daak
neblig, nevelig, dakig
Nebenfach in der Truhe, Geheimfach, Wertfach, w., Bilaad, Mz. Biladen
Nebenraum, w., Afsiet, Afsiede, Mz. -sieden
Nebentür, w., Blangendöör, Achterdöör, Siedeldöör, Blangdöör, Mz. -dören
necken, foppen, ärgern, wv., brüden, ick brüüd, du -st, he -t, wi (ji, se) -t; Vg. ick (he) brüüd, du -st, wi (ji, se) brüden; 2. Part. brüüdt
Neckname, Spitzname, m., Ökelnaam, Mz. -namen
nehmen, sich aneignen, stv., nehmen, nähmen, ick nehm, du nimmst, he nimmt, wi (ji, se) nehmt; Vg. ick (he) nehm/nöhm, du -st, wi (ji, se) -en; 2. Part. nahmen (nohmen)
neidisch, afgünstig, niedsch
nein, nee
nennen, benennen, swv., nömen, ick nööm, du -st, he -t, wi (ji, se) -t; Vg. ick (he) nööm, du -st, wi (ji, se) nömen; 2. Part. nöömt
Nest, s., Nest, Neest, Mz. -en, -er
neu, nee, nie
Neugier, w., Neeschier, Nieschier
neugierig, neeschierig, nieschierig, (Ang. nysgärig), *wat büst du nieschierig*
Neujahr, s., Niejohr, Neejohr
neulich, annerdaags, nülich, nülichst
neumodisch, neemoodsch, nie-
neun, negen, negenteihn, negentig, de neegte
nicht, nich, nümmer, nümmernich
Nichtigkeiten, m., Klackerkraam, Klöterkraam
nichts, nix, nixnich, ni nich
nicken mit dem Kopf, zunicken, zustimmen, swv., nickköppen, ick nickköpp, du -st, he -t, wi (ji, se) -t; Vg. ick (he) nickköpp, du -st, wi (ji, se) -en; 2. Part. nickköppt
nieder, nedder, daal, dal
niedlich, nüüdlich
niederdrücken, swv., duken, dükern, ick duuk, du -st, he -t, wi (ji, se) -t; Vg. ick (he) duuk, du -st, wi (ji, se) duken; 2. Part. duukt
niedrig, siet, siede, *dat is siet ünner de Deck*
niemand, nüms, keeneen
niesen, prusten, in Lachen ausbrechen, swv., pruschen, pruuschen, pruusten, ick pruust, du -st, he -t, wi (ji, se) -t; Vg. ick (he) pruust, du -t, wi (ji, se) -en; 2. Part. pruust
Niete, m., Niet, Mz. -en; **Versager,** *du bist 'n Niet*
nieten, swv., neden, ick need, du -st, he -t, wi (ji, se) -t; Vg. ick (he) need, du -st, wi (ji, se) neden; 2. Part. needt
nirgens, narms, nargends
nörgeln, swv., nödeln, nölen, quarken, *quark nich so rum, he is quarkig,* ick quark, du -st, he -t, wi (ji, se) -t; Vg. ick (he) quark, du -st, wi (ji, se) -en; 2. Part. quarkt

nötig, nödig
nötigen, drängen, auffordern, swv., nödigen, ick nödig, du -st, he -t, wi (ji, se) -t; Vg. ick (he) nödig, du -st, wi (ji, se) -en; 2. Part. nödigt
Nonne, w., Nunn, Mz. -en
Norden, Noord, Norden, **nördlich,** norden, *norden dat Huus vun Hans Peter*
Nordwind, m., Noordenwind
Not, w., Noot, Nood; **Feuereimer,** m., Nootammer; **Feuerhaken,** m., Noothaken; **Holznagel,** m., Nootnagel; **Sargbrett,** Nootholt; **Klemme,** w., Kniep, *he kümmt in de Kniep*
Not, zur, tonoot
nur, aber, blots, bloots, man
Nuß, w., Nutt, Mz. Nööt
nützen, helfen, benützen, swv., nütten, *dat nüttst mi nix,* ick nütt, du -st, he -, wi (ji, se) nützt; Vg. ick (he) nütt, du -st, wi (ji, se) nützen; 2. Part. nützt
nützlich, nütt
Nute, w., Nuut, *Nuut un Fedder*

O

ob, of
oben, baven (boven)
oberst, zu oberst, böverst, bövelst
Obergericht, s., Bövergericht
obgleich, obschon, ofschoonst, obschoonst
Obst, s., Aavt, Aft
Ochse, m., Oss, Oß, Mz. Ossen, *de Koh is ossig*(brünstig)
Ochsenauge, s., Ossenoog, Mz. -ogen
oder, or, orrer, odder, oder, edder (edderkaun = wiederkauen)
Öffnung, schmaler Durchgang, s., Gatt, Mz. Gaten, Gatten
oftmals, häufig, mehrfach, oftins
Ökelname, Spitzname, m., Ökelnaam, Mz. -namen
Öl, s., Ööl, ölig
Öse, w., Öös, Ös, Mz. -en
Ofen, m., Aven, Mz. -s
offen, apen
oft, oftmals, häufig, oftins, faken(s); auch: **gelegentlich, wiederholt,** alle Nääslang
ohne, ahn, ohn, sünner
ohne Glanz, duff, *dat Glas is duff*
Ohnmacht, w., Ahnmacht, Amacht, Swiem, Mz. Ahnmachten
ohnmächtig, swiemelig, *mi is so swiemelig*
ohnmächtig werden, schwindlig werden, swv., swiemeln, ick swiemel, du -st, he -t, wi (ji, se) -t; Vg. ick (he) swiemel, du -st, wi (ji, se) -n; 2. Part. swiemelt
Ohr, s., Ohr, Mz. -en, *hol de Ohren stief*
Ohrfeige, Schlag, m., Backs, Mz. -en, (Ang. Baggelei/Backelei: *du kriggst een an de Baggelei*)
ohrfeigen, swv., backsen, ick backs, du -t, he -t, wi (ji, se) -t; Vg. ick (he) backs, du -t, wi (ji, se) -en; 2. Part. backst
Onkel, m., Unkel, Mz. -s, Ohm, Hannes-Ohm
ordentlich, ornlich, **vortrefflich,** orig, orrig, örnlich
ordentlich, sauber, püük, püükfein

Osten, Oost, Oosten, **östlich,** oosten, *oosten de Kark liegt dat Huus*

Ostwind, m., Oostwind, Oostenwind

Ostern, Oostern, Paasch, Paschen; **Osterei,** s., Paschenei

P

Paar, s., Poor, Mz. Poren, *en Poor Steveln*

paar, ein paar, en poor, *en poor Appeln*

paaren, sich (besonders Hasen und Kaninchen), swv., rammeln, 2. Part. rammelt

Packen, der, m., Pack, Packen, *se treckt ut mit Sack un Pack*

packen, einpacken, fassen, ergreifen, swv., packen, *he packt em, pack dat in,* ick pack, du -st, he -t, wi (ji, se) -t; Vg. ick (he) pack, du -st, wi (ji, se) -en; 2. Part. packt

pahlen (Schoten), swv., pahlen, *Mudder pahlt de Arfen,* ick pahl, du -st, he -t, wi (ji, se) -t; Vg. ick (he) pahl, du -st, wi (ji, se) -en; 2. Part. pahlt

Paket, s., Pakeet, Mz. -keten

Paneel, s., Paneel (Wandverkleidung)

Pantoffel, m., Pantüffel, Tüffel, Slarp, Mz.-n, -en

Pantoffelmacher, m., Klotzenmaker, Mz. -s

Pappe, w., Papp, aber auch: Brei, Kleister: *dat is pappig*

Pappel, w., Pappel, Mz. -n

Papst, m., Paapst, Papen = Geistliche

parat, bereit, fertig, praat

parrieren, gehorchen, swv., pareren, pareern, ick pareer, du -st, he -t, wi (ji, se) -t; Vg. ick (he) pareer, du -st, wi (ji, se) -n; 2. Part. pareert

Part, Anteil, m., Part, Mz. -en, *giff mi mien Part*

passen, aufpassen, passen beim Skatspiel, swv., passen, *paß up, dat du nich fallst,* ick heff paßt, ick paß, du -t, he -t, wi (ji, se) -t; Vg. ick (he) paß, du -t, wi (ji, se) passen; 2. Part. paßt

passend, bequem, gaatlich, *so is dat gaatlich för mi*

passieren, geschehen, swv., passeren, *dat passeert mi nich noch mal,* (auch: durchgehen durch die Sperre = *du kannst passeern*), ick passeer, du -st, he -t, wi (ji, se) -t; Vg. ick (he) passeer, du -st, wi (ji, se) passeern; 2. Part. passeert

Pastor, m., Paster, Pastoor, Mz. -s, -n, auch: Preester

Pate, m., Paat, Mz. Pööt, *mien Patenunkel* (Gevatter)

Patenkind, s., Paat, *mien Paat* (aber auch: Ableger, Steckling)

Patsche zum Feuerlöschen, w., Patsch, Mz. -en

Pech, s., Pick, Pickdraht

pedantisch, kleinlich, umständlich, püttscherig, -jerig, *he is so püttscherig up sick*

Peek (Stock mit Spitze), w., Peek, Piek, Peekhaken

Pein, w., Pien (Schmerz, Mühe), pienlich, *dat is mi pienlich*

peinlich, genierlich, schaneerlich, *dat is mi to schaneerlich*
Peitsche, w., Pietsch, Sweep, Mz. -en
Peitschenschnur, s., Simm, Mz. -en, w.; Smick, Mz. -en
peken, staken, swv., peken, *ick peek över't Ies,* ick peek, du -st, he -t, wi (ji, se) -t; Vg. ick (he) peek, du -st, wi (ji, se) peken; 2. Part. peekt; staken; 2. Part. staakt
pellen (Kartoffeln), swv., pellen, *Mudder pellt de Kartüffeln, pell dien Kartüffeln man sülvst,* ick pell, du -st, he -t, wi (ji, se) -t; Vg. ick (he) pell, du -st, wi (ji, se) -en; 2. Part. pellt
Pellkartoffel, w., Pellka(r)tüffel, -kantüffel, Puulkantüffel, Mz. -n
Pelz, m., Pelz, Mz. -en
pendeln, swv., peideln, penneln, ick peidel/pennel, du -st, he -t, wi (ji, se) peidelt; Vg. ick (he) peidel, du -st, wi (ji, se) -n; 2. Part. peidelt
Person, große und starke, m., Setter, Mz. -s
Perücke, w., Prüük, Mz. Prüken
Pesel, großer Raum im Bauernhaus, m., Pesel, Mz. -s
Petersilie, w., Petersill
Pfaffe, m., Paap, Mz. Papen
Pfahl, m., Pahl, Mz. Pahlen, Pöhl, Schüürpahl, Wäschepahl
pfänden, swv., pannen, ick pann, du -st, he -t, wi (ji, se) -t; Vg. ick (he) pann, du -st, wi (ji, se) -en; 2. Part. pannt; Pannemann, Panner = Gerichtsvollzieher
Pfandbrief, m., Pandbreef, Mz. -breve
Pfandhaus, -anstalt, s., Pandhuus, Mz. -hüüs
Pfanne, w., Pann, Mz. -en; m., Schapen, Mz. -s
Pfannengericht, Bauernfrühstück, Mz. Pannrackels
Pfannkuchen, m., Pannkook, Pannkoken, Mz. -koken
Pfau, m., Pageluun, Mz. -s
Pfarrer, m., Preester, Mz. -s
Pfeffer, m., Peper; **Pfeffermühle,** w., Pepermöhl; **Pfeffernüsse,** w., Pepernööt
Pfeife, w., Piep, Mz. -en; m., Knösel, m., Brösel, Mz. -s
pfeifen, flöten, swv., piepen, ick piep, du -st, he -t, wi (ji, se) -t; Vg. ick (he) piep, du -st, wi (ji, se) -en; 2. Part. piept; fleiten, fleuten
Pfeiler, m., Pieler, Mz. -s
Pfennig, m., Penn, Penning, Mz. -s, *dat kost tein Penn,* m., Pennschieter = Geizhals, pennschieterig = geizig
Pferd, s., Peerd, Mz. Peer, *he sitt up 't hoge Peerd*
Pferdedoktor, m., Peerdokter; **Pferdekur,** w., Peerkuur
Pferd, altes, s., Krack, Mz. -en, *dat is 'n ole Krack*
Pferd, minderwertiges, m., Krübben-, Krüffenbieter
Pferd, großes, starkes, s., Setter, Mz. -s
Pferdefußfessel, m., Schrökel, Schräkel, Mz. -s, auch: Zwerg, Krüppel
Pferdegeschirr, s., Seel, Sääl, Mz. Selen, Sälen, *legg dat Sääl up un gah to Feld(s)/to Felln*

Pferdekrankheit, m., Spatt, *dat Peerd is spattlahm, dat hett de Spatt*
pfiffig, plietsch, *he is avers 'n plietschen Jung*
Pfingsten, Mz. Pingsten, *in de Pingstdaag kriegt wi Besöök*
Pflanze, w., Plant, Mz. -en
pflanzen, einpflanzen, swv., planten, ick plant, du -st, he -t, wi (ji, se) -t; Vg. ick (he) plant, du -st, wi (ji, se) -en; 2. Part. plant
pflanzen, propfen, swv., paten, ick paat, du -st, he -t, wi (ji, se) -t; Vg. ick (he) paat, du -st, wi (ji, se) paten; 2. Part. paat; proppen, 2. Part. proppt, *de Appelboom is mal proppt wurrn*
Pflanzenmark, s., Peddig, Perk, Pitt
Pflanzstock, m., Planter, Mz. -s
Pflaster, s., Plaaster, Mz. -s, Stratenplaaster; **Steinpflaster,** m., Steenbrügg, -brüch, Mz. -en
pflastern, swv., plaastern, ick plaaster, du -st, he -t, wi (ji, se) plaastert; Vg. ick (he) plaaster, du -st, wi (ji, se) plaastern; 2. Part. plaastert, (auch: auf eine Wunde ein Pflaster kleben); brüggen
Pflaume, w., Plumm, Mz. -en; Plummkoken (-kook), Mz. -koken
pflegen, swv., plegen, plägen, ick pleeg, du -st, he -t, wi (ji, se) -t; Vg. ick (he) pleeg, du -st, wi (ji, se) plegen; 2. Part. pleegt
pflegen, lindern, swv., pööschen, ick pöösch, du -t, he -t, wi (ji, se) -t; Vg. ick (he) pöösch, du -t, wi (ji, se) -en; 2. Part. pööscht
Pflicht, w., Plicht, Mz. -en
Pflock, m., Pluck, Pinn, Mz. -en, (auch: m., Tubben =Zapfen)
pflücken, abpflücken, rupfen, swv., plücken, plöcken, ick plück, du -st, he -t, wi (ji, se) -t; Vg. ick (he) plück, du -st, wi (ji, se) plücken; 2. Part. plückt
pflügen, swv., plögen, ick plöög, du -st, he -t, wi (ji, se) -t; Vg. ick (he) plöög, du -st, wi (ji, se) plögen; 2. Part. plöögt
pflügen, flach, swv., felligen, falligen, *he felligt de Roggenstoppeln/ Rochstoppeln*
Pflug, m. u. w., Ploog, Mz. Plöög
Pflugschar, w., Ploogschoor, Mz. -schoren, Ploogiesen, Mz. -s
Pflugland, Ackerland, s., Ploogland; **Pfluggriff, -sterz,** m., Ploogsteert, -stiert, Mz. -en
Pflugwendestelle, w., Anwenn
Pforte, w., Poort, Mz. -en
Pfosten, m., Posten, Mz. -s
Pfote, w., Poot, Mz. Poten, *Lütt Matten geev Poot*
Pfriem, Ahle, m., Preem, Mz. Premen; m., Priem = Kautabak
Pfropfen, m., Propp, Proppen, Mz. -s
pfropfen, swv., proppen (Obstbäume pfropfen), ick propp, du -st, he -t, wi (ji, se) -t; Vg. ick (he) propp, du -st, wi (ji, se) -en; 2. Part. proppt; paten, 2. Part. paat
Pfühl, Unterbett, m. u. w., Pöhl, Pööt, Mz. -
Pfütze, w., Pütt, Mz. -en, m.; Pool, Mz. Pööl u. Polen
Pfund, s., Pund, Mz. Punnen
Pfuscharbeit, w., Murks, *dat is Murks, wat du maakst*

Pfuscherei, w., Klüteree
Pickel, Pike, w., Piek, Mz. -en
Pik im Kartenspiel, Pik, Schüppen
pissen, swv., pissen, ick piss, du -ßt, he -ßt, wi (ji, se) -ßt; Vg. ick (he) piss, du -ßt, wi (ji, se) pissen; 2. Part. pißt; stv., miegen, ick mieg, du -st, he -t, wi (ji, se) -t; Vg. ick (he) meeg, du -st, wi (ji, se) megen; 2. Part. megen
Pistole, w., Pistol, Mz. -en
Plage, w., Plaag, Mz. Plagen, *dat is 'n Plaag*
plagen, swv., plagen, ick plaag, du -st, he -t, wi (ji, se) -t; Vg. ick (he) plaag, du -st, wi (ji,s e) plagen; 2. Part. plaagt
Plan, m., Plaan (Ploon), Mz. -s
Planke, Zaun, Verschlag, m., Tuun, Mz. -s; m. u. s., Glind, Mz. -en; w., Plank, Mz. -en
Plappermaul, s., Plötermöhl, Snöter, Klöter, Rappsnuut, *se hett avers en Snöter/Snöterwark, de Snöter steiht den ganzen Dag nich still*
plappern, lallen, ununterbrochen reden, swv., plötern, ick plöter, du -st, he -t, wi (ji, se) -t; Vg. ick (he) plöter, du -st, wi (ji, se) -n; 2. Part. plötert
plätschern, planschen, swv., palschen, *dat Water palscht över de Steen*
Plattdeutsch, Plattdüütsch, *wi snackt Plattdüütsch*
Platte, w., Platt, Mz. Platen; **ebene Fläche,** *dat is so even as 'n Plaat;* **Blech zum Kuchenbacken,** Plaat, Platenkook
Platz, Bewegungsfreiheit, m., Ruum, Mz. Rüüm
Platz, Stelle, w., Steed, Stääd, Mz. -en
plaudern, swv., praten, ick praat, du -st, he -t, wi (ji, se) praat; Vg. ick (he) praat, du -st, wi (ji, se) praten; 2. Part. praat; *se praat mit 'nanner, se hebbt en nette Praat mit 'nanner;* kören, 2. Part. köört
Plauderei, Gespräch, m., Praat
Plinsen (Gebäck), Mz. Plinsen
plötzlich, batz, knasch, slünig, mit 'nmaal
plündern, rauben, swv., plünnern, ick plünner, du -st, he -t, wi (ji, se) -t; Vg. ick (he) plünner, du -st, wi (ji, se) -n; 2. Part. plünnert; *se plünnert em ut, he plünnert sien Konto up de Bank*
Plunder, m., Plunner, Krimskraams
plustern, sich aufplustern, swv., pluustern, ick pluuster, du -st, he -t, wi (ji, se) -t; Vg. ick (he) pluuster, du -st, wi (ji, se) -n; 2. Part. pluustert; *he pluustert sick op*
Polterabend, m., Pulteravend
Polterer, m., Bullerjahn, *he is avers 'n Bullerjahn*
poltern, dröhnen, donnern, swv., bullern, ick buller, du -st, he -t, wi (ji, se) -t; Vg. ick (he) buller, du -st, wi (ji, se) -n; 2. Part. bullert; *dat bullert avers*
polternd gehen, swv., klabastern, 2. Part. klabastert
Portion, Menge, w., Patschoon, Mz. -schonen, *du hest mi avers 'n Patschoon upfüllt*
Posse, Jux, m., Spijöök
Posten, m., Posten, Mz. -s

poussieren, swv., fründjen, ick fründje, du -est, he -et, wi (ji, se) -et; Vg. ick (he) fründje, du -st, wi (ji, se) -n; 2. Part. fründjet; *se fründjet mit 'nanner*

prächtig, staatsch, *he is 'n staatschen Kerl*

prahlen, angeben, sich rühmen, swv., prahlen, ick prahl, du -st, he -t, wi (ji, se) -t; Vg. ick (he) prahl, du -t, wi (ji, se) -en; 2. Part. prahlt; *he prahlt avers ornlich, he is avers 'n Prahlhans*

Preis, m., Pries, Mz. -en, *he hett den eersten Pries kregen, dat hett allns sien'n Pries*

preisen, taxieren, swv., priesen, ick pries, du -t, he -t, wi (ji, se) -t; Vg. ick (he) pries, du -t, wi (ji, se) -en; 2. Part. priest; *he hett di bannig priest, he is ünnerwegs un priest de Aarn/Oorn*

Pritsche, w., Britsch, Mz. -en, *ick heff mi 'n Britschwaag köfft*

Prinz, m., Prinz, Mz. -en

Probe, w., Proov, Mz. Proven, *du kannst mi up de Proov stellen*

probieren, erproben, prüfen, swv., proben, pröven, ick prööv, du -st, he -t, wi (ji, se) -t; Vg. ick (he) prööv, du -st, wi (ji, se) pröven; 2. Part. pröövt; probeern, Vg. wi probeern, 2. Part. probeert, *dat is good, ick heff 't probeert/proovt, dat is probaat* = ausprobiert, geprüft

Pronomen/Fürwörter, Personalpronomen/persönliche Fürwörter: ick, du, he, se, dat, wi, ji, se, Dativ u. Akkusativ: mi, di, em, ehr, em, uns, juu, se, Possessivpronomen/besitzanzeigende Fürwörter: mien, dien, sien, ehr, uns/unse, juun, sirs (se ehr = sirs)

prost, proost! Proost Mahltiet!

Prügel, m., Prügel, Mz. -s, *du kannst Prügels kriegen,* auch: derber Stock: *he hett avers 'n Prügel in de Hand*

Prügelei, w., Tagelee

prügeln, sich schlagen, swv., prügeln, ick prügel, du -st, he -t, wi (ji, se) -t; Vg. ick (he) prügel, du -st, wi (ji, se) -n; 2. Part. prügelt; klabastern, karnüffeln

Pumpe, w., Pump, Mz. -en; **Pumpenschwengel,** m., Pumpenswengel, auch: m., Swang, Mz. -en

pumpen, auspumpen, swv., pumpen, *he mutt Water ut den Soot pumpen, he pumpt Water för de Köh,* 2. Part. pumpt

Puppe, w., Popp, Mz. -en

pusseln, swv., pusseln, *Mudder pusselt in de Stuuv rum,* 2. Part. pusselt

Puste, Atem, Hauch, w. u. m., Puust, *he is ganz ut de Puust,* Pustebloom = Pusteblume (Löwenzahn)

pusten, swv., puusten, ick puust, du -, he -, wi (ji, se) -; Vg. ick (he) puust, du -st, wi (ji, se) puusten; 2. Part. puust; *puust di man nich so up!*

Psalm, Gesang, m., Salm (auch: langweiliges Gerede)

Q

Quacksalber, Pfuscher, m., Quacksalber
Quaddel, Hautschwellung, w., Quaddel, Mz. -n
quälen, swv., quälen, ick quääl, du -st, he -t, wi (ji,se) -t; Vg. ick (he) quääl, du -st, wi (ji, se) quälen; 2. Part. quäält; *he quäält ehr, du bist 'n Tierquäler*; pieren, piesacken, trituleren
Quälerei m., Quäälkraam
Qual, w., Qual, Quaal, Mz. -en
qualmen, rauchen, swv., qualmen, 2. Part. qualmt, *he sitt un qualmt de Piep*
Quark, Weichkäse, m., Quarkkees, Pimpkees
quarkig, quarkig, *he is avers quarkig*
Quartier, s., Quarteer, Quartier
quartieren, ausquartieren, swv., quarteren, 2. Part. quarteert, *du warst utquarteert*
quasseln, quatschen, swv., quasseln, ick quassel, du -st, he -t, wi (ji, se) -t; V. ick quassel, du -st, he -t, wi (ji, se) -n, 2. Part. quasselt; Quasselstripp, Quasselsnuut, *se quasselt orrig*
Quaste, Kalkquaste, w., Quast, Mz. -en
Quatsch, Unsinn, m., Quatsch
quatschen, s. quasseln
Quecke, w., Queek, Quääk, Mz. Queken, Quäken
Quelle, w., Born, Quickborn, Mz. -s; m. u. w., Spring
quengeln, swv., quengeln, 2. Part. quengelt, *de Kinner quengelt*
quer, dwars, dwass, dweer (dwars un dweer), *he löppt dwass över de Koppel*
Querbeil, s., Deßel, Dessel, Mz. -s
Querholz am Dach, s., Hahnholt
Querholz, kurzes, m., Knevel, Mz. -s
Querkopf, m., Querkopp, Dweerkopp
Querstange am oberen Mast, w., Gaffel, Mz. -n
Quertreiber, m., Dwarsdriever, Mz. -s
Querulant, m., Quarkbüdel, Mz. -s
Quetschung der Haut, w., Quees, Mz. -en
quieken, swv., quieken, *dat Farken quiekt;* **lebhaft, beweglich, munter,** quick
quietschen, swv., quietschen, *de Döör quietscht*
Quie, junges Rind, w., Quie(n), Quee, Mz. -n
quitt, ledig, frei, quitt, *wi sünd quitt mit 'nanner*

R

Rabe, m., Raav, Mz. Raven
Rad, s., Rad, Mz. Rööd
rädern, gerädert sein, erledigt sein, swv., rödern, *ick bün rödert*
Radabweiser, m., Prellsteen, Mz. -steens/stenen
Rademacher, m., Raadmaker, Ramaker, Mz. -s
Rage, Wut, w., Raasch, Raas, *he keem avers in Raasch*
Rahm, m., Rahm, Rohm, Flott
Rahmen, Bilderrahmen, m., Rah-

men (Rohmen), Mz. -s, *dat höllt sick in 'n Rahmen*

Ramme, Rammbock, w., Ramm, Mz. -en, m., Rammbuck; **leicht benommen,** rammdösig, *ick bün richtig rammdösig*

ramponieren, swv., ramponeren, 2. Part. ramponeert, *he ramponeert sick, du ramponeerst mi mien Kleed*

Rand, m. Rand, Mz. Ränner, *laat di nich an den Rand drängeln, he is ut Rand un Band*

rangeln, wenden, drehen, swv., rangeln, *se rangelt um de besten Posten*

Ranzen, Tornister, m., Tornüster, Mz. -s

ranzig, verdorben, alt, galsterig, gelsterig

rascheln, swv., rascheln, ruscheln, russeln, *dat raschelt in Stroh, Mudder ehr nies Kleed ruschelt ornlich*

rasen, toben, jagen, swv., rasen, ick raas, du -t, he -t, wi (ji, se) -t; Vg. ick (he) raas, du -t, wi (ji, se) rasen; 2. Part. raast

Rasen-, Heidestück, Sode, w., Plagge, Plagg, Mz. -en; s., Flach, Mz. -en

Rasenstreifen am Wegrand, w., Berm (auch: Deichkante)

rasieren, swv., balberen, balbeern; 2. Part. balbeert; raseren, raseern; 2. Part. raseert, *ick mutt mi noch raseern, he hett sick al raseert;* schaven, 2. Part. schaavt, (auch: *he ward över 'n Lepel balbeert* = er wird reingelegt)

Rasse, w., Raaß, Mz. Raßen

rasseln, klappern, swv., rasseln, ick rassel, du -st, he -t, wi (ji, se) -t; Vg. ick (he) rassel, du -st, wi (ji, se) -n; 2. Part. rasselt; rötern, 2. Part. rötert

Rat, Ratschlag, m., Raat

Rätsel, s., Radel, Mz. -s

raten, erraten, Empfehlung geben, regieren, warnen, swv., raden, ick raad, du -st, he -t, wi (ji, se) -t; Vg. ick (he) raad, du -st, wi (ji,se) raden; 2. Part. raadt; *ick raad di goot*

Rathaus, s., Raathuus, Mz. -hüser

Ratte, m., Rott, Mz. -en

Räuber, m., Röver, Mz. -s

räubern, rauben, swv., rövern, ick röver, du -st, he -t, wi (ji, se) -t; Vg. ick (he) röver, du -st, wi (ji, se) -n; 2. Part. rövert

räuspern, swv., kröömtjen, 2. Part. kröömtjt

Raub, m., Roof, Roov

Raubwild, -gesindel, s., Roovtüüch

rauben, stehlen, swv., roven, ick roov, du -st, he -t, wi (ji, se) -t; Vg. ick (he) roov, du -st, wi (ji, se) roven; 2. Part. roovt

Räucheraal, m., Spickaal, Smuttaal

Räucherboden, m., Speckwiem, Mz. -wiemen

Räucherstange, Spieß zum Räuchern, s., Spitt, Mz. Speet

räuchern, swv., rökern, ick röker, du -st, he -t, wi (ji, se) -t; Vg. ick (he) röker, du -st, wi (ji, se) -n; 2. Part. rökert; *de Wüst warrn rökert*

Räucherkate, w., Rökerkaat, Mz. -katen

Rauch, Dampf, m., Rook, Smook, Damp

rauchen, dampfen, swv., roken, 2. Part. rookt, *dat rookt jümmers noch, bi em rookt de Schosteen*

Rauchen, das, s., Smook, Smöken, *he smöökt de Piep,* ick smöök, du -st, he -t, wi (ji, se) -t; Vg. ick (he) smöök, du -st, wi (ji, se) smöken; 2. Part. smöökt

rauchig, rökerig

rauf, herauf, hinauf, rop, rup

Raufe, w., Rööp, Mz. Röpen, *de Peer kriegt Heu in de Rööp*

rauh, stumpf, druuv, druve, duff

rauh, ruuch, ruug, struuf, struve, rubberig, rusig

rauhhaarig, ruuchhoorig, ruuchpaterig (der Rauhhaarige = Ruuchhaas/Ruughaas)

Rauhreif, m., Ruchriep

Raum über den Ställen, w., Hill, Mz. -en

Raum, m., Ruum, Mz. Rüüm

räumen, einräumen, Platz machen, swv., rümen, 2. Part. rüümt, *wi rüümt de Stuuv ut, dat rüümt* = geht viel rein

Raupe, w., Ruup, Mz. Rupen

rauschen, brausen, swv., rusen, 2. Part. ruust, *dat ruust in 't Holt, de Wind ruust över 't Land;* brusen, ick bruus, du -t, he -t, wi (ji, se) -t; Vg. ick (he) bruus, du -t, wi (ji, se) brusen; 2. Part ruust/bruust

Rebhuhn, s., Rapphohn, Mz. -höhner

Reck, s., Reck, Rick, Mz. -s

recken, strecken, swv., recken, *Mudder reckt Wäsch, he streckt de Been wiet vun sick, dat reckt noch nich* = das reicht noch nicht aus

rechnen, swv., reken, ick reken, du -st, he -t, wi (ji, se) rekent; Vg. ick (he) reken, du -st, wi (ji, se) reken; 2. Part. rekent

Rechnung, w., Reken, Mz. -s

Rechnung, auf Rechnung haben, Zählung, Tell, *he hett em nich up de Tell* = er rechnet nicht mit ihm, *dat tellt sick nich* = das rechnet sich nicht, *dat tellt nich* = das zählt nicht

Rechenschaft, w., Rekenschop

Recht, s., Recht

rechtzeitig, bitieden, *du muttst bitieden fardig sien*

Rede, w., Reed, Mz. Reden

reden, sich Luft machen, hastig reden, swv., bluchtern; 2. Part. bluchtert

reden, Rede halten, sprechen, swv., reden, räden, ick reed, du -st, he -t, wi (ji, se) -t; Vg. ick (he) reed, du -st, wi (ji, se) -en; 2. Part. reedt

reden, unterhalten, swv., snakken, ick snack, du -st, he -t, wi (ji, se) -t; Vg. ick (he) snack, du -st, wi (ji,s e) -en; 2. Part. snackt; *wi hefft mit'nanner Platt snackt*

Redensart, w., Snack

Rederei, w., Snackeree

reell, rejell

Reeperbahn, Reperbahn

Reetdach, s., Reetdack, Mz. -däck, -en

Regal, Bord, s., Riech, Rieg, Mz. -en

Regel, w., Regel, *in de Regel maakt wi sowat nich*

Regen, m., Regen

Regen, leichter, m., Smuddel, Smuddelregen, Smuddelwedder

Regenschauer, w., Flaag, Mz. Flagen, *dat weer avers 'n Flaag*

Regenwurm, m., Maddick, Madick, Meddick, Mz. -s; Mett, Mettje, Mattje, Medden, Mz. -en

regieren, swv., regeren, regeern, ick regeer, du -st, he -t, wi (ji, se) -t; Vg. ick (he) regeer, du -st, wi (ji, se) -n; 2. Part. regeert

Regierung, w., Regeern; **Regierungszeit,** Regeernstiet

regnen, swv., regen, *dat regent,* 2. Part. regent; pladdern, 2. Part. pladdert

regnen, fein, swv., nisseln, nieseln, *dat nieselt;* miesten

regnen, leicht, swv., druseln, 2. Part. druselt

Reh, s., Reh, Mz. -en

reiben, stv., rieven, ick riev, du riffst, he rifft, wi (ji, se) rievt; Vg. ick (he) reev, du -st, wi (ji, se) reven; 2. Part. reven; auch: wrieven, ick wriev, Vg. ick wreev

Reibeisen, s., Rieviesen, Mz. -s

Reich, das, s., Riek, Mz. -en, *dat düütsche Riek*

reich, riek, *he is riek worrn*

reichlich, überflüssig, rieklich, överleidig

Reichtum, m., Riekdom

Reif, Rauhreif, m., Riep, Ruuchriep

reif, riep, *de Appeln sünd riep*

reifen, swv., riepen, *dat Korn riept ornlich, dor büst noch nich riep noog to,* ick riep, du -st, he -t, wi (ji, se) -t; Vg. ick (he) riep, du -st, wi (ji, se) -en; 2. Part. riept

Reifen, m., Trünnelband, Mz. -bänner

Reihe, in einer Reihe, Serie, w., Reeg, Mz. Regen; m., Törn, Töörn, Mz. -s, *in enen Törn* = in einem Zug

Reiher, m., Reiher, Schüttreiher, Mz. -s

Reim, Vers, m., Riem, Riemel, Mz. -s

reimen, dichten, swv., riemen, *dat riemt sick, dor maak mal 'n Riem up*

rein, unverfälscht, pur, echt, puur, schier, *dat is de schiere Unverstand;* rein

rein, herein, rin, *kum rin*

Reis, Baumreis, s., Ries, Mz. -en

Reis zum Essen, m., Ries, *dat gifft hüüt dicken Ries*

Reise, w., Reis, Mz. -en

reisen, swv., ick reis, du -t, he -t, wi (ji, se) -t; Vg. ick (he) reis, du -t, wi (ji, se) reisen; 2. Part. reist

Reisig, gehackt zum Verbrennen, s., Sprock, Sprockholt, Sprick

Reisigbesen, m., Riesbessen

reißen, zerreißen, stv., rieten, ick riet, du rittst, he ritt, wi (ji, se) riet; Vg. ick (he) reet, du -st, wi (ji, se) reten; 2. Part. reten; *dat hett he sick ünner 'n Nagel reten*

reiten, stv., rieden, ick ried, du riddst, he riddt, wi (ji, se) riedt; Vg. ick (he) reed, du -st, wi (ji, se) reden; 2. Part. reden

Reiter, m., Rieder, Mz. -s; Riedersmann, Mz. -lüüd

Reitpferd, s., Riedpeerd, Mz. -peer

reizen, ärgern, etwas nach oben ziehen, swv., trietsen, tritseln, *se trietst em avers, du kannst mi nich trietsen, he trietst de Säck up 'n Böhn,* 2. Part. trietst

rekeln, swv., rekeln, räkeln, *he re-*

kelt sick noch in 't Bett, 2. Part. rekelt

rennen, swv., rönnen/rennen, ick rönn (renn), du -st, he -t, wi (ji, se) -t; Vg. ick (he) rönn/renn, du -st, wi (ji, se) -en; 2. Part. rönnt/rennt

rennen, jagen, swv., schesen, ick schees, du -t, he -t, wi (ji, se) -t; Vg. ick (he) schees, du -t, wi (ji, se) schesen; 2. Part. scheest; *he scheest lang de Straat*

Rest, Überbleibsel, m., Naschrappel, Mz. -s; Schlatt, Mz. -en

retten, bergen, swv., redden, ick redd, du -st, he -t, wi (ji, se) -t; Vg. ick (he) redd, du -st, wi (ji, se) -en; 2. Part. reddt

Retter, m., Redder, Mz. -s

Revision, w., Revischoon, Mz. -schonen

Rheumatismus, m., Reumatissen

Richtfest, s., Richtbeer

richten, aufrichten, gerade biegen, swv., richten, *wi richt dat Huus, dat warrt wi al richten*

Richtung, w., Richt, Mz. -en

riechen, stv., rüken, ick rüük, du -st, he -t, wi (ji, se) -t; Vg. ick (he) röök, du -st, wi (ji, se) röken; 2. Part. raken

Riecher, m., Rüker, *ick heff 'n goden Rüker, dor heff ick 'n Rüker för*

Riegel, m., Riegel, Mz. -s

Riegel, Verschluß, Schieber, Wehr, s., Schott, Mz. -en

Riemen, Ruder, m., Reem, Mz. Remen

Riemenpeitsche, w., Klabatsch

Riese, m., Rees, Resen, Ries, Mz. -en

Riester (auf dem Schuh), m., Reester

Rille, Mulde, Niederung, w., Gööl, Göl, Gaal, Mz. Gölen

Rind, s., Rind, Mz. Rinner; **junges, weibliches Rind,** w., Quie, Mz. -n

Rindvieh, s., Rindveeh

Ring, m., Ring, Mz. -en

ringsherum, rumdüm, ümtrent

Rinne hinter den Kühen, w., Groop, Mz. Gropen; Rönn, Mz. -en

Rinnstein, m., Rönnsteen, Mz. -s

Rippe, w., Ripp, Ribb, Mz. -en

Rispe (des Hafers), w., Wipp, Mz. -en

Riß, m., Reet, Mz. Reten; Spleet, Spläät, Mz. Spleten s. Spliß, Mz. Splissen; Splitt, Mz. -en; w., Ritz, Mz. -en

Ritter, m., Ridder, Mz. -s

Rock, m., Rock, Mz. Röck

Rohr, Röhre, s., Rohr, Mz. -en

Roggen, m., Rogg(en), Roch, Mz. -en

roh, ungekocht, roh, -e, *dat 's 'n roh Minsch*

Rohling, Rüpel, grober Mensch, m., Briet, Mz. -en, Knüfel, Mz. -s, *watt büst du knüfelig*

Rohr, Röhre (Leitung-, Abfluß-, Schilfrohr), s., Rohr, Mz. -n

Rohrstock, m., Reetje, Schacht, Schecht, Mz. -n, -en

Rolle, Walze, Papierrolle, w., Rull, Mz. -en

rollen, swv., rullen, *he rullert den Barg dal,* trünneln, trümmeln, trüllen, ick trünnel, trümmel, trüller

Rose, w., Roos, Mz. Rosen

Rose, wilde, w., Wiepeldoorn, Mz. -s
Rosine, w., Rosien, Mz. -en
Rost, Röster, w., Röst, Rüst, Mz. -en
Rost, oxydiertes Eisen, m., Rust, Röst
rostig, rusterig, rustig
rot, root, rode, rode Grütt
rott, verfault, rott, rotterig, rotten, rött
Rotwein, m., Rootwien
Rotz, m., Snott, Snapp
Rotznase, w., Snappsnuut, Rotznääs
Ruder, Steuer, s., Roder, Roor, Ruur, Mz. Roders, Roren, Ruren
rudern, swv., rodern, ick roder, du -st, he -t, wi (ji, se) -t; Vg. ick (he) roder, du -st, wi (ji, se) -n; 2. Part. rodert
Ruderstange, w., Pinn, Mz. -en
Rübe, w., Rööv, Mz. Röven
rüber, röver, *kum röver*
Rücken, m., Rüüch, Rüch, Mz. Rüggen, *mi deiht mien Rüch so weh*
Rückschlag, m., Naklapp
rückwärts, trüchwarts, överstüür, trüchoors, rüch, rüchlangs
rühren, bewegen, swv., rögen, ick röög (mi), du -st, he -t, wi (ji, se) röögt; Vg. ick (he) röög, du -st, wi (ji, se) rögen; 2. Part. röögt; röhren, ick röhr, du -st, wi (ji, se) röhrt; Vg. wi röhren
rührend, barmhartig
Rüsche, w., Rüüsch, Mz. Rüschen
rufen, laut, swv., prahlen, ick prahl, du -st, he -t, wi (ji, se) -t; Vg. ick (he) prahl, du -st, wi (ji, se) -en; 2. Part. prahlt
Ruhe, w., Roh, Ruh, *giff endlich Roh*
ruhen, swv., rohen, rohn, ick roh (mi ut), du -st, he -t, wi (ji, se) -t; Vg. ick (he) roh, du -st, wi (ji, se) -en; 2. Part. roht
ruhig, rohig, ruhig
rum (herum), rüm, rum, *kumm doch mal rüm/rum*
Rummelpott, m., Rummelpott, Mz. -pött
Rumpf, m., Rump, Mz. Rümp
rumoren, poltern, lärmen, swv., ramentern, ick ramenter, du -st, he -t, wi (ji, se) -t; Vg. ick (he) ramenter, du -st, wi (ji, se) -n; 2.Part. ramentert
rund, rund, runne
rundherum, ümbi, rundümbi, rundrüm, rundüm
rundlich, drall, *'n dralle Deern*
Runge (Wagen), w., Rung, Mz. -en; m., Rungenwagen
Runkelrübe, w., Runkelrööv, Mz. -röven
runter, her-/hinunter, rünner, raf, dal, *kumm dal, kumm rünner*
Runzel, w., Krökel, Mz. -n; w., Rünk, Mz. -en; w., Schrumpel, Mz. -n
runzelig, krökelig, schrumpelig
Rüssel, m., Rüssel, Mz. -s
Ruß (Schornstein), m., Sott
rußen, swv., sotten, blaken, *dat sott(et) dörch de Deck*
Rute, w., Rood, Mz. Roden
rutschen, swv., rüüschen, ick rüüsch, du -st, he -t, wi (ji, se) -t; Vg. ick (he) rüüsch, du -st, wi (ji, se) -en; 2. Part. rüüscht
Ruten (Fensterscheiben), w., Ruut, Mz. Ruten, *he speelt Rutenut* = er spielt verrückt

S

Saal, m., Saal, Mz. -en

Saat, w., Saat

sabbeln, speicheln (auch: unentwegt reden), swv., sabbeln, *he sabbelt bi 't Eten,* ick sabbel, du -st, he -t, wi (ji, se) -t; Vg. ick (he) sabbel, du -st, wi (ji, se) -n; 2. Part. sabbelt

Sache, Ding, w., Saak, Mz. Saken; s., Dings, Mz. Dinger

Sachsenland, Sassenland, *dor wahnt de Sassen*

sachte, langsam, suutje, sacht, sachtens, *man immer sachte mit de jungen Peer*

Sack, m., Sack, Mz. Säck; s., dat Sackband; w., de Sackkoor

Säbel, m., Sabel, Mz. -s

säen, sich aussäen, swv., saden, 2. Part. saadt

säen, swv., seien, *wi seit Schiet* = wir säen (Mineral-)Dünger, ick sei, du -st, he -t, wi (ji, se) -t; Vg. ick (he) sei, du -st, wi (ji, se) -en; 2. Part. seit

Säge, w., Saag (Soog), Mz. Sagen; **lange Baumsäge für zwei Mann,** Schrootsaag

Sägeabfall, s., Sagels, Saagspöön

Sägekuhle, w., Saagkuul

Sägemehl, s., Saagkaff

Sägespäne, Mz. Spöön, Saagspöön

säuern, swv., süren, 2. Part. süürt, süürn, *de Melk warrt süürt*

Säufer, m., Süper, Suupbütt, Suuput, Mz. -s

säugen, swv., sögen, 2. Part. söögt, *de Söög söögt de Farken*

Safran, m., Saffran

Saft, m., Sapp, Saft

sagen, stv., seggen, ick segg, du seggst, he seggt, wi (ji, se) seggt; Vg. ick (he) sä, du -st, wi (ji, se) sään; 2. Part. seggt

Sahne, w., Rahm

Salat, m., Salat

Salbe, w., Salv, Mz. -en

Salz, s., Solt; **salzig,** solten, *de Supp is orrig solten;* **salzen,** swv., solten

Samen, m., Samen

sammeln, zusammensammeln, swv., sammeln, ick sammel, du -st, he -t, wi (ji, se) -t; Vg. ick (he) sammel, du -st, wi (ji, se) -n; 2. Part. sammelt; raken, 2. Part. raakt

samt und sonders, gemeinsam mit allen, mitsamt

Sand, m., Sand

sanft, leise, sacht, *he straak ehr sacht över de Backen*

Sarg, m., Sarg, Sarch, Sark, Mz. -en

satt, satt, *ick bün so satt*

Sattler, m., Saddler, Mz. -s

Sau, Muttersau, w., Söög, Mz. Sögen, *de Söög hett Farken, kregen*

sauber, rein, rentlich, *se is so rentlich up sick,* rendlich, rennlich

sauber, ordentlich, püük, püükfein

Sauberkeit, w., Proppertee, Rendlichkeit, Rennlichkeit

saufen, stv., supen, ick suup, du süppst, he süppt, wi (ji, se) suupt; Vg. ick (he) soop/sööp, du -st, wi (ji, se) sopen/söpen; 2. Part. sapen; *he süppt as 'n Lock*

saugen, stv., sugen, ick suug, du süggst/suggst, he -t, wi (ji, se) suugt; Vg. ick(he) söög/soog, du -st, wi (ji, se) sögen/sogen; 2. Part. sagen

Saum, m., Soom, Mz. Sööm

sausen, swv., susen, ick suus, du -st, he -t, wi (ji, se) -t; Vg. ick (he) suus, du -st, wi (ji, se) susen; 2. Part. suust

Schabernack, m., Schavernack

Schacht, m., Pütt, Mz. -s, -en, Pütt auch: Wasserloch, Pfütze

Schachtel, w., Schachtel, Mz. -en, *so 'n ole Schachtel* = so ein altes Weib

Schaden, m., Schaad, Schaden, Mz. -s

schaden, swv., schaden, 2. Part. schaadt, *dat schaadt di nix, dat hett mi ornlich schaadt*

schade, schaad, (Ang. sünn, *dat is sünn*)

Schadenfeuer, s., Brand, Mz. Brännen

schäbig, unfreundlich, schabbig, spökig

Schäfer, m., Schäper, Scheper, Mz. -s

schälen, abschälen, swv., **schellen,** ick schell, du -st, he -t, wi (ji, se) schellt; Vg. ick (he) schell, du -st, wi (ji, se) -en; 2. Part. schellt; *he schellt sick 'n Appel*

schämen, swv., schamen, ick schaam mi, du -st di, he -t sick, wi (ji, se) schaamt uns (juuch, sick); Vg. ick (he) schaam mi (sick), du -st di, wi (ji, se) schamen uns (juuch, sick); 2. Part. schaamt

schärfen, swv., scharpen, 2. Part. scharpt, *ick scharp dat Meß*

schätzen , taxieren, swv., schatten, 2. Part. schatt, *he schatt de Koh*

schäumen, Schaum machen, swv., schümen, ick schüüm, du -st, he -t, wi (ji, se) -t; Vg. ick (he) schüüm, du -st, wi (ji, se) schümen; 2. Part. schüümt

Schaf, s., Schaap, Mz. -

-schaft, -schop, Naverschop, Swagerschop, Fründschop

schaffen, erschaffen, gestalten, swv., schapen; 2. Part. schapen

Schaftstiefel, m., Schächt(en)stevel, Schäftenstevel, Schechtenstevel, Mz. -n

Schale, Hülle, Hülse, w., Schaal, Mz. Schalen, Schell

Schale, Gefäß, Napf, w., Schaal, Mz. Schalen

Schal, Halstuch, m., Schaal, Mz. -s

Scham, w., Schaam

Schande, w., Schann

Schar, Haufen, zusammengebundene Schar von Tieren, m., Koppel, Köppel

Schar, (Pflug), w., Schoor, Mz. -oren, auch: Schoort, Mz. -en

Scharnier, w., Häng, Mz. -en

scharf, forsch, scharp, basch

Scharte, Scherbe, s., Schoort, Mz. -en

Schatten, m., Schadden

Schaufel, w., Schüffel, Schuffel, Kornschüffel, Mz. -n

schaufeln, swv., schuffeln, schüffeln, ick schüffel, du -st, he -t, wi (ji, se) -t; Vg. ick (he) schüffel, du -st, wi (ji, se) -n; 2. Part. schüffelt

Schaukel, w., Wipp, Wüpp, Mz. -en

schaukeln, schwanken, schlingern, swv., swalken, ick swalk, du -st, he -t, wi (ji, se) -t; ick (he) swalk, du -st, wi (ji, se) swalken;

2. Part. swalkt; *dat Schipp swalkt;* dümpeln, 2. Part. dümpelt

schaukeln, wippen, swv., sükeln, ick sükel, du -st, he -t, wi (ji, se) -t; Vg. ick (he) sükel, du -st, wi (ji, se) -n; 2. Part. sükelt; wippen, ick wipp, du -st, he -t, wi (ji, se) -t; Vg. ick (he) wipp, du -st, wi (ji, se) -en; 2. Part. wippt

Schauder, Gänsehaut, s., Gräsen, Gresen, *he kreeg dat Gräsen*

schaudern, beben, swv., schuddern, ick schudder, du -st, he -t, wi (ji, se) -t; Vg. ick (he) schudder, du -st, wi (ji, se) -ern; 2. Part. schuddert; gresen, 2. Part. greest; gräsen; 2. Part. grääst

Schauer (Regen), w., Flaag, Mz. Flagen; s., Schuur, Schuer, Mz. -n

schauerlich, gräsig, gresig, schruterig

Schaufel, w., Schüffel, Mz. -n; Schüpp, Mz. -en

Scheffel, m. u. s., Schepel (Schäpel), Mz. -

Scheibe (Fenster), w., Schiev, Mz. -en

Scheide, Grenze, w., Scheed, Mz. Scheden

scheiden, sich trennen, swv., scheden, ick scheed, du -st, he -t, wi (ji, se) -t; Vg. ick (he) scheed, du -st, wi (ji, se) scheden; 2. Part. scheedt; *wi sünd scheedt Lüüd*

Schein, m., Schien, Sünnenschien

scheinen, leuchten, glänzen, schienen, ick schien, du -st, he -t, wi (ji, se) -t; Vg. ick (he) schien, du -st, wi (ji, se) -en; 2. part. schient; *de Sünn, de schient;* **es hat den Anschein,** *dat schient so*

scheint, mir, mi dücht

Scheiße, s., Scheet, Schäät, Schiet, Schietkerl, (Scheet = Kot, Exkremente; Schiet = Dreck, Ausdruck des Unwillens)

scheißen, stv., schieten, ick schiet, du schittst, he schitt, wi (ji, se) schiet; Vg. ick (he) scheet, du -st, wi (ji, se) scheten; 2. Part. scheten; schietig, *wat büst du schietig* = dreckig, schmutzig

Scheitel, m., Luuspadd, Luusglitsch

Schelmerei, Dummheit, m., Knääp, Kneep, auch: Kniff, Kerbe

schelmisch, kneepsch

schelten, schimpfen, swv., schafudern, -futern, *se schafudern mit 'nanner;* stv., schellen, ick schell, du -st, he -t, wi (ji, se) schellt; Vg. ick (he) schull, du -st, wi (ji, se) -en; 2. Part. schullen

Schelte, Schimpfe, w., Schell, Mz. Schellns; s., Schafuder, Utschell

Schemel, Bock, m., Hüker, Mz. -s

Schenkel, m., Schinkel, Schinken, Mz. -s

schenken, ein-, ausschenken, swv., schenken, schinken, ick schenk, du -st, he -t, wi (ji, se) -t; Vg. ick (he) schenk, du -st, wi (ji, se) schenken; 2. Part. schenkt

Scherbe, w., Schaar, Mz. Schören, w., Schöör, Mz. Schören

Schere, w., Scheer, Mz. Scheren

Schererei, w., Schereree, *man hett nix as Schereree mit di*

Scherz, Lärm, m., Spalk; **lärmen,**

toben, swv., spalken, *se spalkt herum;* **lärmend, tobend,** spalksch

scheu, schu, schuuch, *as 'n schuches Reh*

scheuern, swv., schüren, schüern, schüürn, ick schüer, du -st, he schüert, wi (ji, se) -t; Vg. ick (he) schüer, du -st, wi (ji, se) -n; 2. Part. schüert; **Scheuerpfahl für Rinder,** m., Schüürpahl, Mz. -en

Scheune, w., Schüün, Mz. Schünen

Schicht, Lage, Arbeitszeitraum, w., Schicht, Mz. -en, *he hett Schichtarbeid, se geiht up Schicht;* Legg, Mz. -en; Laag, Mz. Lagen

schichten, Heu zu Diemen, swv., diemen, dimen, *wi diemt dat Heu*; temen, 2. Part. teemt, diemt

schick, der Schick (Chic), Schick

schicken, sich, swv., schicken, *schick di!*

schieben, stv., schuben, schuven, ick schuuv, du schuffst/schüffst, he schufft/schüfft, wi (ji, se) schuuvt; Vg. ick schoov/schööv, du -st, wi (ji, se) schoven/schöven; 2. Part. schaven

Schieber, m., Schuver, Schüver, Mz. -s

Schiebkarre, w., Schuufkoor, Mz. -koren

Schieblade, w., Schuuflaad, Mz. -laden; Schuuf, Mz. Schuven

schief, scheev, scheve, *he hett scheve Been*

schief, mißgestaltet, waan-, wahnschapen

Schiefer, -tafel, s., Lei

schielen, swv., schelen, ick scheel, du -st, he -t, wi (ji, se) -t; Vg. ick (he) scheel, du -st, wi (ji, se) schelen; 2. Part. scheelt; auch: einen Unterschied machen = *dat scheelt avers wat*

schielend, scheel, *he kickt scheel, he scheelt as de Goos na den Blitz*

Schienbein, Schiene, w., Scheen, Mz. Schenen

Schiene, w., Scheen, Mz. Schenen; Schien, Mz. -en

schier, schier

schießen, stv., scheten, ick scheet, du schüttst, he schütt, wi (ji, se) scheet; Vg. ick (he) schoot/schööt, du -st, wi (ji, se) -en; 2. Part. schaten; auch: *he schoot lang de Straat* = er schoß die Straße entlang, auch: *de Sneeglocken scheet ut de Eer*

Schiff, s., Schipp, Mz. Scheep, Schääp

Schiffsseite, Back, backbord

Schifferhandwerk, w., Schipperee

Schiffsbord, s., Bord

Schiffskiel, m., Kiel

Schiffskoch, m., Kock, Smuttje

Schiffsküche, w., Kabüüs, Mz. -büsen

Schild, s., Schild, Mz. Schiller

Schilf, s., Leesch

Schilf, trockenes, w., Feek

Schilfrohr, s., Reet

Schilling, m., Schilling, Schillen, Mz. -, -s

Schimmel, m., Spaak (Spook)

schimmeln, swv., spaken, verspaken, *dat spaakt avers; dat is all(e)ns verspaakt,* 2. Part. spaakt

Schimmer, m., Schemer

schimmern, dämmern, swv., schemern, *dat schemert all, dat*

Sülver schemert, 2. Part. schemert

Schimpf, m., Schimp, *mit Schimp un Schann*

schimpfen, swv., schimpen, ick schimp, du -st, he -t, wi (ji, se) -t; Vg. ick (he) schimp, du -st, wi (ji, se) -en; 2. Part. schimpt

schimpfen, lärmen, auch: **plaudern, schwatzen,** swv., kekeln, käkeln, *se kekelt mit 'nanner*

Schindel (Dach), w., Schindel, Schinnel, Mz. -n

schinden, stv., schinnen, ick schinn, du -st, he -t, wi (ji, se) -t; Vg. ick (he) schunn, du -st, wi (ji, se) -en; 2. Part. schindt/schunnen

Schinder, Abdecker, Tierquäler, m., Schinner, Mz. -s

Schinderei, w., Schinneree, *dat is avers 'n Schinneree*

schlachten, swv., slachten, ick slacht, du -st, he -t, wi (ji, se) -t; Vg. ick (he) slacht, du -st, wi (ji, se) -en; 2. Part. slacht

Schlachterei, w., Slachteree

Schlachtermesser, s., Slachtermest, -metz, -mess, Mz. -mesten, -metzen

Schläfe, w., Dünn, Mz. -en

Schlaf, m., Slaap, Slapenstiet, *to Nachtslapenstiet kümmst du an;* **Schlafmütze, Langschläfer,** w., Slaapmütz, Mz. -en; **Schlafstube,** w., Slaapstuuv, Mz. -stuven; **Schlafstelle,** w., Slaapsteed, Mz. -steden

schlafen, stv., slapen, ick slaap, du slöppst, he slöppt, wi (ji, se) slaapt; Vg. ick (he) sleep, du -st, wi (ji, se) slepen; 2. Part. slapen

Schlag, m., Slag, Mz. Slääg; Tuck, Mz. -en

schlagen, zurechtweisen, züchtigen, swv., kranz-, kransheistern; 2. Part. -heistert

schlagen, swv., slaan, slahn, slagen, ick sla, du sleist, he sleit, wi (ji, se) slaat; Vg. ick (he) slöög/sloog, du -st, wi (ji, se) slogen; 2. Part. slagen/slogen/slaan; *sla di dat ut 'n Kopp, över de Sträng slagen, he hett mien Mahnen in den Wind slagen*

schlagen, leicht, swv., tucksen, *he tuckst em,* 2. Part. tuckst

Schlamm, Modder, m., Mudd; Saps; w., Maad

Schlamm in einem Graben, w., Gubbel

schlammig, muddig

Schlemmer, m., Slömer, Schlömer, Mz. -s; **schlemmen,** swv., slömern, ick slömer, he slömert

Schlange, w., Slang, Mz. -en; Snaak, Mz. Snaken

schlank, rank, risch

schlankweg, vörföötsch

schlapp, slapp

schlapp, nachlässig, slunterig

schlecht, slecht, mies, leeg, quaat

schleichen, stv., slieken, ick sliek, du -st, he -t, wi (ji, se) sliekt; Vg. ick (he) sleek, du -st, wi (ji, se) sleken; 2. Part. sleken; sliekern, 2. Part. sliekert

schleichend, slierig, auch: schleimig, schmeichlerisch

Schleife, w., Sleuf, Mz. -en; Schörten, Mz. -s

schleifen, schärfen, stv., sliepen, ick sliep, du slippst, he slippt, wi (ji, se) sliept; Vg. ick (he) sleep, du -st, wi (ji, se) slepen; 2. Part. slepen

Schleifstein, m., Sliepsteen, Mz. -s

schleifig, glitschig, schlecht gebacken, sliepig, slippig, *de Koken/Kook is sliepig/slippig*

schleifen, abnutzen, stv., slieten, ick sliet, du slittst, he slitt, wi (ji, se) sliet; Vg. ick (he) sleet, du -st, wi (ji, se) sleten; 2. Part. sleten

Schlehenbusch, m., Slöhnbusch, Slehnbusch, Mz. -büsch

Schlehe, w., Slöh, Sleh, Mz. -en

Schleppe, w., Sleep, Mz. Slepen, auch: Transportschlitten, Gerät zum Schleifen der Maulwurfhügel

schleppen, schwer tragen, swv., slepen, ick sleep, du -st, he -t, wi (ji, se) -t; Vg. ick (he) sleep, du -st, wi (ji, se) slepen; 2. Part. sleept

Schlepper, Trecker, m., Sleper, Slepper, Mz. -s

Schlepptau, s., Slepptau, Mz. -en

schleppend, langtöögsch

schlendern, swv., twalen, *wi twaalt dörch de Straten;* 2. Part. twaalt

schleusen, swv., slüsen; ick slüüs, du -st, he -t, wi (ji, se) -t; Vg. ick (he) slüüs, du -st, wi (ji, se) slüsen; 2. Part. slüüst, *de Loots slüüst dat Schipp dörch den Kanal*

Schleuse, w., Slüüs, Mz. Slüsen

schlicht, slicht, slecht, slichtweg

schlicken, lecken, swv., slicken, ick slick, du -st, he -t, wi (ji, se) -t; Vg. ick (he) slick, du -st, wi (ji, se) -en; 2. Part. slickt; *du bist 'n lütt Slickermuul*

schließen, stv., sluten, ick sluut, du slüttst, he slütt, wi (ji, se) sluut; Vg. ick (he) slööt, du -st, wi (ji, se) slöten; 2. Part. slaten

schließen, dichtmachen, swv., dichtmaken, *he maakt dat Heck dicht*

schließlich, am Ende, amenn, amend, *du hest amenn recht*

schlimm, böse, böös, (Ang. eisch)

schlimm, schlecht, leeg, *dat is leeg,* (Ang. elsd, *dat is elsd*)

Schlinge, w., Sling, Sleng, Mz. -en; w., Sneer, Mz. Sneren

Schlinge, mit der Schlinge fangen, swv., sneren, *he sneert de Kaninken,* 2. Part. sneert

schlingen, sich schlängeln, swv., slengeln; 2. Part. slengelt

Schlingel, m., Slüngel, Mz. -s

Schlitten, m., Rüütsch, Rüüschen, Mz. Rütschen; Sleden, Mz. Släden

Schlitten, einfacher, m., Kreek, Mz. Kreken

Schlitten fahren, swv., rüüschen, ick rüüsch, du -st, he -t, wi (ji, se) -t, ick (he) rüüsch, du -st, wi (ji, se) -en; 2. Part. rüüscht; rüütschen, 2. Part. rüütscht; släärn, 2. Part. släärt

Schlitten, niedriger, m., Slööp, Mz. Slöpen

Schlittschuh, m., Striedschoh, Schrittschoh, Mz. -

Schloß (Tür), s., Slott, Mz. Slööt

Schloß (Herrenhaus), s., u. m., Sloß, Mz. Slösser

Schluck, Kehle, Gurgel, w., Sluuk

Schluck (Wein), m., Sluck, Mz. Slück

Schluckauf, Hickop, *he hett 'n Hickop*

schlucken, stv., sluken, ick sluuk, du -st, he -t, wi (ji, se) -t; Vg. ick (he) slöök, du -st, wi (ji, se) slöken; 2. Part. sluukt

schluderig, unordentlich, sluderig, sludderig

Schluderei, üble Nachrede, w., Sluderee, Sluderie, Sluderkraam

schludern, tratschen, swv., sludern, ick sluder, du -st, he -t, wi (ji, se) -t; Vg. ick (he) sluder, du -st, wi (ji, se) -n; 2. Part. sludert

schlürfend gehen, swv., slarpen, slarren, ick slarp, du -st, he -t, wi (ji, se) -t; Vg. ick (he) slarp, du -st, wi (ji, se) -en; 2. Part. slarpt

schlürfend trinken, swv., slappen, slabben, ick slapp, du -st, he -t, wi (ji, se) -t; Vg. ick (he) slapp, du -st, wi (ji, se) slappen; 2. Part. slappt

Schlüssel, m., Slötel, Mz. -s

schlumpen (überschlägig), swv., slumpen, ick heff dat slumpt, du slumpst, he slumpt, wi (ji, se) slumpt; Vg. wi slumpen; 2. Part. slumpt

Schlupe (Bettbezug), w., Sluup, Mz. Slupen

schmächtig, fledig, *he is man watt fledig*

schmal, small, smaal, smaller, an 'n smallsten

Schmalz, s., Smolt, Smoltbroot

schmecken, probieren, swv., smecken, ick smeck, du -st, he -t, wi (ji, se) -t; Vg. ick (he) smeck, du -st, wi (ji, se) smekken; 2. Part. smeckt; *smeck mal de Supp af, dat smeckt mi gor nich* = das gefällt mir nicht

schmeißen, werfen, stv., smieten, ick smiet, du smittst, he smitt, wi (ji, se) smiet; Vg. ick (he) smeet, du -st, wi (ji,s e) smeten; 2. Part. smeten; auch in Verbindung mit: af-, daal-, hen-, üm-, weg-

schmelzen, zergehen (transitiv u. intransitiv), swv., smölten, ick smölt, du -st, he -t, wi (ji,s e) -t; Vg. ick (he) smölt, du -st, wi (ji, se) -en; 2. Part. smölt; *de Snee smölt in de Sünn*

Schmerz, w., Pien; m., Sehr, Smart, Mz. -en

Schmerzen, Mz., Wehdaag, *he hett bannig Wehdaag*

schmerzen, swv., smarten, *dat smart mi,* weh doon, *dat deit weh*

schmerzhaft, empfindlich, (Ang. öhm, *de Steed is öhm*)

Schmetterling, m., Botterlicker, Mz. -s

Schmied, m., Smeed, Smääd, Mz. Smeden, Smeedlüüd; Smitt, Mz. Smidden

schmieden, swv., smeden, smeen, *de Smitt smeedt dat Iesen,* ick smeed, du -st, he -t, wi (ji, se) -t; Vg. ick (he) smeed, du -st, wi (ji, se) smeden; 2.Part. smeedt

schmiegsam, smiedig

Schmiere, Fett, w., Smeer, Smeerkraam, *dat is Smeerkraam,* Smeerbuuk, *he hett 'n Smeerbuuk,* Smeerlappen, Smeerpott, *wat büst du för 'n Smeerpott*

schmieren, swv., smeren, smeern, ick smeer, du -st, he -t, wi (ji, se) -t; Vg. ick (he) smeer, du -st, wi (ji, se) smeren; 2. Part. smeert; smuddeln

schmierig, unsauber, smerig, salterig
schmuck, smuck, *smuck sühst du ut*
Schmuck, der, m., Smuck
schmuddelig, smuddelig, smuttelig; **schmuddeliges Wetter,** m., Smuddelwedder
schmücken, swv., utstafferen, utstaffeern, *ick staffeer di ut*
schmuggeln, swv., smuggeln, schuggeln, ick smuggel/schuggel, du -st, he -t, wi (ji, se) -t; Vg. ick (he) smuggel, du -st, wi (ji, se) -n; 2. Part. smuggelt/schuggelt
schmunzeln,swv., smuustern, smunstern, smüüstern, ick smuuster, du -st, he -t, wi (ji, se) smuustert; Vg. ick (he) smuuster, du -st, wi (ji, se) -n; 2. Part. smüüstert
schmunzeln, still vergnügt lächeln, swv., smuustergrienen
Schmutz, m., Schiet, s., Strunt
Schmutz, im Schmutz wühlen, swv., suhlen, söhlen, *de Swien suhlt sick*
schmutzig, schietig
Schnabel, m., Snavel, Mz. -s
Schnabel, Spitze, w., Snipp, Mz. Snibben
Schnack, Gespräch, m., Snack, (Ang. Praat)
Schnackerei, Gerede, w., Snackeree
schnarchen, swv., snorken, snurken, ick snurk, du -st, he -t, wi (ji,se) -t; Vg. ick (he) snurk, du -st, wi (ji, se) -en; 2. Part. snurkt; *he snurkt de ganze Nacht*
schnattern, albern lachen, swv., snatern, ick snater, du -st, he -t, wi (ji, se) -t; Vg. ick (he) snater, du -st, wi (ji, se) -n; 2. Part. snatert; *de Göös snatert*; swv., schracheln, *se schrachelt de ganze Tiet all*
schnauben, stv., snuven, snuben, ick snuuv, du -st, snüffst, he -t, snüfft, wi (ji,s e) -t; Vg. ick (he) snööv/snoov, du -st, wi (ji,se) snöven/snoven; 2. Part. snuuvt
Schnauze, w., Snuut, Mz. Snuten
Schnecke, w., Sneck, Mz. Snecken; Snick, Mz. Sniggen
Schnee, m., Snee; **schneien,** swv., sneen, snien, sniegen, dat sniet, 2. Part. sneet
Schneeflocke, w., Sneeflock
Schneegestöber, s., Sneedrieven
Schneeglöckchen, s., Sneeglocken
schneeweiß, sneewitt, slohwitt
Schneide (des Messers), w., Snied, Mz. -en
schneiden, stv., snieden, ick snied, du snittst, he snitt, wi (ji, se) sniet; Vg. ick (he) sneed, du -dst, wi (ji, se) sneden; 2. Part. sneden
schneiden, ungeschickt, fuken, 2. Part. fuukt
schneiden mit der Schere, stv., ick scheer, du -st, he -t, wi (ji, se) -t; Vg. ick (he) schoor, du -st, wi (ji, se) schoren; 2. Part. schoren
Schneider, m., Snieder, Mz. -s
Schneiderin, w., Sniedersch(e)
schneien, s. Schnee
schnell, bald, gau, (gauer, an 'n gausten), draad, hast, *kumm gau mal langs*
schnell, lebendig, quick, (quicker, an'n quicksten), *he is noch ganz quick*
schnell sprechen, swv., rappeln,

ick rappel, du -st, he -t, wi (ji, se) -t; Vg. ick (he) rappel, du -st, wi (ji, se) -n; 2. Part. rappelt; *he rappelt sick wat torecht*

Schnepfe, w., Snipp, Mz. -en

schnibbeln (Bohnen), swv., snippeln, snibbeln, *se is bi un snibbelt de Bohnen*

schnippisch, snippsch, *dat is 'n snippsches Wief*

Schnitt, Zuschnitt, Schnitt mit dem Messer, m., Snitt, Mz. -en

Schnitt, zweiter (Nachmahd), w., Namatt, s., Nagras, Ettgröön

Schnitte (Brot), w., Sneed, Mz. Sneden

schnitzeln, swv., fitschen, fitschern; 2. Part. fitscht, fitschert

schnüffeln, schnauben, swv., snüffeln, ick snüffel, du -st, he -t, wi (ji, se) -t; Vg. ick (he) snüffel, du -st, wi (ji, se) -n; 2. Part. snüffelt

schnüren, zusammenbinden, swv., snören, ick snöör, du -st, he -t, wi (ji, se) -t; Vg. ick (he) snöör, du -st, wi (ji, se) snören; 2. Part. snöört; *snöör mi mal de Steveln*

Schnupfen, m., Snööv, Snuppen

Schnupftabak, m., Snuuvtaback

Schnur, w., Snoor, Mz. Snöörn

Schnurre, Anekdote, Erzählstück, s., Dööntje, Döönken, Mz. -s

Schock, Angst, Schreck, m., Schock, Mz. -s

Schock, 60 Stück, s., Schock

schocken, einschüchtern, swv., schocken, *dat hett mi schockt*

schön, schön

schöpfen, Wasser schöpfen, swv., ööschen, ick öösch, du -st, he -t, wi (ji, se) -t; Vg. ick (he) öösch, du -st, wi (ji, se) ööschen; 2. Part. ööscht; swv., schöppen, 2. Part. schöppt

Scholle, Plattfisch, Erdscholle, w., Schull, Mz. -en

Scholle (Fisch), w., Schull, Mz. -en

schon, al, *dat weet ick al lang*

schonen, swv., schonen, ick will di schonen, du schoonst mi, wi schoont em; Vg. wi schonen em; 2. Part. schoont

Schonzeit, Schoontiet, Mz. -tieden, *du hest noch Schoontiet*

Schoner (Schiff), m., Schuner, Mz. -s

Schoof, Garbe, Reetbund, s., Schoof, Mz. Schööv, Schoven

Schorf, m. u. s., Schorf

schorfig, grindig, schorvig

Schornstein, m., Schosteen, Mz. -s, *bi em rookt avers de Schosteen* = das geht ihm wirtschaftlich gut

Schornsteinfeger, m., Schosteenfeger, Mz. -s; Sottje, Mz. -s

Schoß, m., Schoot, Mz. Schööt

Schote, Hülse, w., Pahl, Mz. Pahlen; Schoot, Mz. Schoten

Schotenerbse, w., Pahlarf(t)en

Schott (Riegel, Verschluß, Wagenbrett), s., Schott, Mz. -en, *maak dat Schott dicht, legg dat Schott vör de Döör*

schotten, abschotten, versperren, swv., schotten, afschotten

schottisch, schottsch

schräge, schreeg, schraat, *he hett schrege Been, schrade Been*

schräge stellen, Säge schränken, swv., schränken, *schränk de Pieler, de Saag mutt schränkt warrn*

Schrank, m., Schapp, Mz. Schäpp; s., Spint, Mz. -en, (Spint auch als Hohlmaß)

schrapen, swv., schrapen, ick schraap, du -st, he -t, wi (ji, se) -t; Vg. ick (he) schraap, du -st, wi (ji, se) schrapen; 2. Part. schraapt; *dat Schipp schraapt up Grund*

Schraube, w., Schruuv, Mz. Schruven

schrauben, stv., schruven, schruben, ick schruuv, du schrüffst, he schrüfft, wi (ji, se) schruuvt; Vg. ick (he) schrööv, du -st, wi (ji, se) schröven; 2. Part. schraven

Schraubenschlüssel, m., Schruben-, Schruvenslötel, Mz. -s

schreiben, stv., schrieven, ick schriev, du schriffst, he schrifft, wi (ji,s e) schrievt; Vg. ick (he) schreev, du -st, wi (ji, se) schreven; 2. Part. schreven

schreiben, unsauber, swv., klieren, *wat klierst du di wedder tosamen*

Schreiber, m., Schriever, Mz. -s

schreien, stv., schreen, schriegen, schrien, ick schrie, du schriggst/schreest, he schriggt/schreet, wi (ji, se) schriegt/schreet; Vg. ick (he) schreeg, du -st, wi (ji, se) schregen; 2. Part. schreet

Schrift, Schriftzeichen, Heilige Schrift, w., Schrift, Mz. -en

Schritt, m., Schritt, Mz. Schreed, Schrääd

Schritt und Tritt, *he folgt mi up Schritt un Tritt,* m., Tritt, Mz. Treed

Schrot, s. u. m., Schroot

Schrotmühle, w., Möhl, Schrootmöhl, Mz. -en

schrubben, swv., schrubben, ick schrubb, du -st, he -t, wi (ji,s e) -t, Vg. ick (he) schrubb, du -st, wi (ji, se) -en; 2. Part. schrubbt

Schrubber, m., Schrubber, Mz. -s

Schrubber mit Stiel, m., Leuwaag, Leuwagen, Mz. -s

schrumpelig, schrumpelig

schrumpfen, swv., schrumpen, ick schrump, du -st, he -t, wi (ji, se) -t; Vg. ick (he) schrump, du -st, wi (ji, se) -en; 2. Part. schrumpt; krimpen, Schrumpel = Falte

Schublade, w., Schuuf, Schuuv, Mz. Schufen; w., Schuuflaad, Mz. -laden

Schubkarre, w., Schuufkoor, Mz. -koren

Schüler, m., Schöler, Mz. -s

schülpern, überschwappen, swv., schülpern, *dat schülpert*

Schürze, w., Schört, Mz. Schörten

Schürze, Schute, w., Schuut, Mz. Schuten

Schürze aus Leder, s., Schootfell

Schüsseltuch, Wischtuch, s., Schötteldook, Mz. -döker; m. u. s., Faatdook, Faadook, Mz. -döker

Schüssel, w., Schöttel, Mz. -n, Schötteldrieven = Jagdessen (Schüsseltreiben), Schöttelwater = Abwaschwasser

schütten, ausgießen, swv., schüdden, schütten, ick schüdd, du -st, he -, wi (ji, se) -; Vg. ick (he) schüdd, du -st, wi (ji, se) -en; 2. Part. schüddt

schütteln, rütteln, swv., schüddeln, ick schüddel, du -st, he -t, wi (ji, se) -t; Vg. ick (he) schüddel, du -st, wi (ji, se) -n; 2. Part. schüddelt

schütteln mit dem Kopf, swv., schüddkoppen, *he schüddkoppt*

Schütze, Feldwächter, Einschütter, m., Schütt, Mz. -en

Schuh, m., Schoh, Mz. Schöh, Schoh

Schuhleisten, m., Leesten, Leest, Mz. Leesten

Schuld nach Vergehen, Geldschuld, w., Schuld, Mz. Schullen, Schulden

schulden, swv., schullen, ick schull di wat, du -st mi wat, he -t, wi (ji, se) -t; 2. Part. schuldt

schuldig, schüllig, *ick bün di dat schüllig*

Schule, w., School, Mz. Scholen

Schulter, w., Schuller, Schulder, Mz. -n

Schulze, Dorfschulze, m., Schuldt

schunkeln, swv., schunkeln, ick schunkel, du -st, he -t, wi (ji, se) schunkelt; Vg. ick (he) schunkel, du -st, wi (ji, se) -n; 2. Part. schunkelt

Schuster, m., Schooster, Mz. -s

Schusterbock, m., Schoosterbuck, -bock, Dreebeen

schustern, swv., schoostern, ick schooster, du -st, he -t, wi (ji, se) schoostert; Vg. ick (he) schooster, du -st, wi (ji, se) -n; 2. Part. schoostert

Schuß, Wurf, m., Schööt, Mz. Schöten

Schute, Schürze, w., Schuut, Mz. Schuten

Schutt, m., Gruus

Schutz, m., Schuul, *ick söch Schuul ünner de Bööm*

Schutzdeich, m., Kaje, Kajediek

Schutzgitter an Krankenbetten, s., Bettpeerd

Schutz suchen, unterstellen, swv., schulen, ick schuul, du -st, he -t, wi (ji, se) -t; Vg. ick (he) schuul, du -st, wi (ji, se) schulen, 2. Part. schuult; schuurn, 2. Part. schuurt

Schutzwand aus Stroh, w., Fleek, Mz. Fleken, auch: Wagenbrett = Mißfleek

schwabbeln, swv., swabbeln, *dat swabbelt över*

schwach, maddelig, fledig

schwach, kränklich, küüm, peverig

schwächlich, klein, fipsig, pimpelig, *dat 's man 'n fipsigen Keerl*

schwärmen, Nacht durchschwärmen, swv., swiern, swieren, *wi swiert de Nacht dörch*

Schwätzer, alberner Mensch, m., Tweernbüdel, Tüünbüdel, Mz. -s, Tweernkraam = dummes Geschwätz

Schwager, m., Swager, Mz. -s

Schwagerschaft, w., Swagerschop

Schwalbe, w., Swalk, Swaalk, Swulk, Mz. -en

Schwan, m., Swaan, Mz. -s

schwanken, schaukeln, swv., swalken (s. schaukeln)

Schwanz, m., Steert, Mz. -en

schwarz, swart, swatt, *de swatte Peter, de swatten Peer*

schwarze, Johannisbeere, w., Solterbeer, Kakelbeer, Mz. -n, *Mudder plückt de Solterbeern*

Schwarte, w., Swaart, Swoort, Mz. en

schwatzen, swv., praatschen; 2. Part. praascht; trarden, 2. Part. trardt

Schwebe, w., Sweev, *dat is noch in de Sweev*

schweben, swv., sweven, sweben, ick sweev, du -st, he -t, wi (ji, se) -t; Vg. ick (he) sweev, du -st, wi (ji, se) sweven; 2. Part. sweevt

swedisch, sweedsch

Schwefel, m., Swevel, Swevelstikken = Streichhözer

Schwengel, Pumpenschwengel, m., Swengel, Mz. -s

schweigen, stv., swiegen, ick swieg, du swiggst, he swiggt, wi (ji, se) swiegt; Vg. ick (he) sweeg, du -st, wi (ji, se) swegen; 2. Part. swegen

Schwein, s., Swien, Mz. -s, (Ang. Gischebas), Swienkraam, *dat is Swienkraam*

Schwein, Eber, m., Ever, Mz. -s; Hauer, Mz. -s; verschnitten: Borg, Mz. Börg

Schweiß, m., Sweet, Sweetdrüppen, **schwitzen,** sweten, ick sweet, du -st, he -t, wi (ji, se) -; Vg. ick (he) sweet, du -st, wi (ji, se) sweten; 2. Part. sweet

schwelen, glimmen, sengeln, swv., swelen, *de Gloot swelt, dat swelt ünner de Minschen*

Schwelle, m., Drempel, Mz. -s, w., Leed, Mz. Leden, Süll, Mz. -en

schwer, swoor, sworer, an 'n swoorsten, *'n swoor Arbeid*

schwer arbeiten, swv., slaven, ick slaav, du -st, he -t, wi (ji, se) -t; Vg. ick (he) slaav, du -st, wi (ji, se) slaven; 2. Part. slaavt

schwerhörig, taub, doof

Schwester, w., Swester, Süster, Mz. -s

Schwibbogen (am Bau), m., Swiebagen

Schwiegersohn, m., Swiegersöhn, Mz. -s

schwierig zu behandeln, auch: **behaart,** horig

schwimmen, stv., swemmen, swömmen, swümmen, ick swemm, du -st, he -t, wi (ji, se) swemmt; Vg. ick (he) swömm, du -st, wi (ji, se) swömmen; 2. Part. swemmt, swömmt

schwimmender Steg, s., Slengels

Schwindel, m., Swinnel, Mz. -s, m., Dusel

schwindelig, swinnelig, swiemelig

schwingen, herumschwingen, swv., sweuen, ick sweu, du -st, he -t, wi (ji, se) -t; Vg. ick (he) sweu, du -st, wi (ji, se) sweuen; 2. Part. sweut; Herumschwingen beim Ausmähen von Lagerkorn: sweuen, *he sweut de Roch (Roggen)*

schwitzen, swv., sweten, ick sweet, du -st, he -, wi (ji, se) -t; Vg. ick (he) sweet, du -st, wi (ji, se) sweten; 2. Part. sweet

schwören, stv., swören, sweren, ick swöör, du -st, he -t, wi (ji, se) swöört; Vg. ick (he) swoor, du -st, wi (ji, se) sworen; 2. Part. sworen

schwül, broddig, bruddig, lurig, *dat is 'n lurige/broddige Wedder,* lummerig

Schwung, m., Swung, Mz. Swüng, *man mutt de Saak in Swung holen*

Schwur, m., Swoor, Mz. -
sechs, söß, sößteihn, sößtig
Sechsling, m., Sößling (6 Pf. oder 1/2 Schilling)
See, der, m., See, Mz. -n (Binnensee), w., **die See,** See (Meer)
Seehund, m., Saalhund, Seehund, Mz. -hunn, -hunnen
Seemann, m., Seemann, Mz. -lüüd; Janmaat, Mz. -maten; Jantje, Mz. -s
Seeräuber, m., Seeröver, Mz. -s; Liekedeler, Mz. -s
Seele, w., Seel, Mz. Selen, *dat hest du mien Seel goot maakt*
selig, selig
Segel, s., Seil, Segel, Mz. -s, die Sache läuft gut: *he kriggt Wind in de Seils*
Segel und Tauwerk, w., Takelaasch
segeln, swv., seilen, ick seil, du -st, he -t, wi (ji, se) seilt; Vg. ick (he) seil, du -st, wi (ji, se) -en; 2. Part. seilt
Segelbaumtau, w., Schoot, Mz. Schoten
Segelstange, w., Rah, Mz. -en
segnen, swv., segen, ick segen, du -st, he -t, wi (ji, se) -t; Vg. ick (he) segen, du -st, wi (ji, se) segen; 2. Part. segent; *de Paster segent dat Kind*
sehen, stv., sehn, ick seh, du sühst, he süht, wi (ji, se) seht; Vg. ick (he) seeg, du -st, wi (ji, se) segen; 2. Part. sehn
gucken, stv., kieken, ick kiek, du kickst, he kickt, wi (ji, se) kiekt; Vg. ick (he) keek, du -st, wi (ji, se) keken; 2. Part. keken
Sehne, w., Sehn, Mz. -en
sehnen, sich, swv., lengen, ick leng, du -st, he -t, wi (ji, se) lengt; Vg. ick (he) leng, du -st, wi (ji, se) lengen; 2. Part. lengt
sehr, hellisch, hellsch, *do muttst du hellsch uppassen*
sehr, gewaltig, kräftig, mächtig, lumpsch
sehr schwarz, gneterswart, -swatt
sehr, toll, dull
Seide, w., Sied, Mz. Sieden
seiden, aus Seide, sieden, *se hett ehr sieden Kleed an*
Seife, w., Seep, Mz. Sepen
Seifenschaum, m., Sepenschuum
seifen, ein-, abseifen, swv., sepen, ick seep mi, du -st, he -t, wi (ji, se) seept; Vg. ick (he) seep, du -st, wi (ji, se) sepen; 2. Part. seept
Seil, Tau, s., Seel, Mz. Selen; m., Reep, Mz. -en
sein: als Hilfsverb, sien, ick bün, du büst, he is, wi (ji, se) sünd; Vg. ick (he) weer, du weerst, wi (ji, se) weren/weern; 2. Part. wesen, west; Befehl: Sie! Wees!
sein: besitzanz. Fürwort, sien
seit, siet, *siet gestern,* söör, södder, sedder
Seite, w., Siet, Mz. Sieden; auch: w., Half, Mz. Halven
Seitentür, w., Blangendöör, Siedeldöör, Mz. -dören
Sekunde, w., Sekunn, Mz. -en
selbig, selbige, sülvig
selbst, selber, sülvst, sülven
selbstgebacken, egenbackt, *egenbackt Broot*
selig, selig
selten, raar, roor
seltsam, abasig

Semmel, w., Semmel, Mz. -n, Rundstück, Mz. -en
Senf, m., Semp, Muster
Senfgefäß, w., Musterkruuk, Mz. -kruken
Sense, w., Lee, Mz. Leen; Seeß, Mz. Seßen, Seßel, Mz. -n, *Vadder dengelt sien Lee*
Sense schärfen, swv., dengeln, ick dengel, du -st, he -t, wi (ji, se) -t; Vg. ick (he) dengel, du -st, wi (ji, se) -n; 2. Part. dengelt
September, Micheelimaand
setzen, sich setzen, ansiedeln, swv., setten, ick sett mi, du -st di, he - sick, wi (ji, se) - uns (juuch, sick); 2. Part. sett; *kumm, sett di dal!*
Seufzen, das, s., Züchen, Züchten
sich, sick
Sichel, kleine, w., Sicht, Mz. -en
sicher, seker, *dat is seker, hier büst du seker*
sickern, swv., siepen, siepern, *dat Water siept af,* 2. Part. siept
sie, se, *se helpt mi, se helpt di*
Sieb, s., Seev, Sääf, Mz. Seven, Säven; Korn-, Mehlsieb = s., Sicht, Sichter; **Siebtuch zum Sieben der Milch,** s., Seihdook, Mz. -döker
sieben, durchsieben, swv., seihen, ick seih (de Melk), du -st, he -t, wi (ji, se) -t; Vg. ick (he) sich, du -st, wi (ji, se) -en; 2. Part. seiht
sieben, durchsieben, swv., sichten, 2. Part. sicht, *Vadder sicht dat Korn*
sieben (Zahl), söven, söventeihn, söventig, der siebente = de söövte
Siechen-, Krankenhaus, s., Sekenhuus, Sükenhuus, Mz. -hüser
sieden, kochen, stv., seden; 2. Part. saden, kaken, kaakt (kochen)
Siel, s., Siel (Wasserdurchlauf)
siehst du wohl, süh, sühso, sühstwoll
Silbe, w., Sülv, Mz. -en
Silben, nach Silben sprechen, swv., sillaberen, -beern; 2. Part. sillabeert
Silber, s., Sülver
silbern, aus Silber, sülvern
sind, sünd, *wi sünd hungerig*
singen, ausplaudern, stv., singen, ick sing, du -st, he -t, wi (ji, se) -t; Vg. ick (he) süng/sung, du -st, wi (ji, se) -en; 2. Part. sungen; *du hest mal fein sungen, sing mi dat mal vör, dien Kam'rad hett sungen* = er hat ausgeplaudert
singen, laut, swv., grölen, ick grööl, du -st, he -t, wi (ji, se) -t; Vg. ick (he) grööl, du -st, wi (ji, se) grölen; 2. Part. gröölt; *wat gröölst du so?*
sinnig, sinnig, *man immer sinnig/sachte mit de jungen Peer*
sinken, versinken, swv., sacken, *de Schiet sackt up den Grund, em sackt dat Hart in de Büx*
Sirup, m., Zirup
Sitzbank, w., Bank, Mz. Bänk, Banken
sitzen, stv., sitten, ick sitt, du -st, he -t, wi (ji, se) -t; Vg. ick (he) seet, du -st, wi (ji,s e) seten; 2. Part. seten; *he sitt all wedder* (im Gefängnis), *he sitt up sien Geld, du hest wull 'n Lütten sitten, sett di up de Hacken*
Sitzgelegenheit, s., Sittels, Mz. -

Skandal, m., Schandaal, Mz. -e
Sklave, m., Slaav, Mz. Slaven
so bald, so draad
so, gleichsam, dermaßen, sodennig, -dännig, *sodennig warrt dat maakt*
Sode, w., Sood, Mz. Soden
sofort, auf der Stelle, stantepee, op 'n Stutz
sogleich, foorts, gliek, glieks
Sohle, w., Sahl, Sohl, Mz. -en
Sohlenleder, s., Sahlenledder
Sohn, m., Söhn, Mz. -s
solch, sodennig, so 'n, so 'ne
Soldat, m., Soldat, Mz. -en; Suldaat, Mz. -daten
sollen, stv., schölen, ick schall, du schallst/schaßt, he schall, wi (ji, se) schüllt; Vg. ick (he) schull, du schullst/schußt, wi (ji, se) schullen; 2. Part. schullt; auch: ick sall usw.
solltest, du, du schullst, schußt
Sommersprossen, Mz. Sünnsprütten
Sommerzeit, w., Sommertiet, Summer-, Sümmer-, Mz. -tieden
Sommer, m., Sommer, Summer, Sümmer
sonderbar, komisch, snaaksch, *dat 's 'n snaaksche Saak*
Sonnabend, Sünnavend, Saterdag, sünnavends
Sonne, w., Sünn, Mz. -en
Sonnennschein, m., Sünn(en)schien
Sonntag, m., Sünndag, Sunndag, sünndaags
sonst, sünst, süs
spät, laat, later, laatste, *du kummst laat,* laterhen
spaken, schimmeln, swv., spaken, dat spaakt; 2. Part. spaakt
spalten, spleißen, Holz zerkleinern, stv., klöven, kloben, ick klööv, du -st, he -t, wi (ji, se) -t; Vg. ick (he) klööv, du -st, wi (ji, se) klöven; 2. Part. klöövt; splieten, ick spliet, du splittst, he splitt, wi (ji, se) spliet; Vg. ick (he) spleet, du -st, wi (ji, se) spleten; 2. Part. spleten
Span, (Holzspan), m., Spoon, Mz. Spöön
spanisch, spaansch, *dat kümmt mi spaansch vör*
spannen, ausspannen, vor-, swv., spannen, ick spann, du -st, he -t, wi (ji, se) -t; Vg. ick (he) spann, du -st, wi (ji, se) -en; 2. Part. spannt. *Spann de Peer vör! Spann an! Spann ut!* **Gespann,** s., Spannwark
sparen, swv., sporen, ick spoor, du -st, he -t, wi (ji, se) spoort; Vg. ick (he) spoor, du -st, wi (ji, se) sporen;2. Part. spoort
Sparkasse, w., Spoorkass, Mz. -kassen, s., Spoorbook, w., Spoorbüß
sparsam, geizig, nerig, *he is nerig, giezig*
Sparren (Dach), w., Spoor, Mz. Sporen
Spaß, Lärm, m., Spaaß, Larm, Puhee, Spijöök
Spaß machen, spaßen, scherzen, swv., spaßen, *ick spaaß bloots, nu spaaß man nicht,* 2. Part. spaaßt
Spaten, m., Spaden (Spoden), Escher, Buscher, Mz. -s
Spatt (eine Pferdekrankheit), Spatt, *dat Peerd is spattlahm*
spazieren, swv., spazeren, spa-

zeern, spazeren gahn, 2. Part. spazeert
Speckwürfel, m., Kinkel, Mz. -s
Speise, w., Spies, Mz. Spiesen, Spieskoort, -korten, Spieskamer; w., Kost, *he is up Kost un Logi/Loschi*
Speiseröhre eines geschlachteten Tieres, w., Wees, Mz. Wesen
Speisung, Beköstigung, auch: festliches Mahl, m., Köst, Köss, Köst, auch: Rinde, Kruste
Speiche (Rad), w., Speek, Mz. Speken
speicheln, swv., sabbeln, sabbern, *sabbel nich so*
Speicher, m., Spieker, Mz. -s
Spektakel, s., Spektakel
spekulieren, grübeln, beobachten, swv., spikeleern, ick spikeleer, du -st, he -t, wi (ji, se) -t; Vg. ick (he) spikeleer, du -st, wi (ji, se) -n; 2. Part. spikeleert; *wat spikeleerst du denn?*
Spende, w., Spenn, Mz. -en
spenden, swv., spennen, ick spenn, du -st, he -t, wi (ji, se) spennt; Vg. ick (he) spenn, du -st, wi (ji, se) -en; 2. Part. spendt
spendieren, swv., spenderen, spendeern, *du kannst mi mal en nie Kleed spenderen, he hett de Spendeerbüxen an*
Sperling, m., Sparling, Mz. -s, Lünk, Lüünk, Mz. -en
sperrangelweit offen, sparrangelwiet, sparrwiet, *de Döör weer sparrwiet apen*
Spiegel, m., Spegel, Mz. -s
Spiel, s., Spill, Speel, Mz. Spele
spielen, Instrument spielen, swv., spelen, ick speel, du -st, he -t, wi (ji, se) -t; Vg. ick (he) speel, du -st, wi (ji, se) spelen; 2. Part. speelt; *ick speel mit di, se speelt de Orgel*
Spielerei, s., Speelwark, Speelkraam, Spillwark
Spielzeug, s., Speeltüüch
Spieß, spitzer Stock, m. u. s., Speet, Mz. Speten
Spinne, w., Spinn, Mz. -en
spinnen, stv., spinnen, ick spinn, du -st, he -t, wi (ji, se) -t; Vg. ick (he) spünn/spunn, du -st, wi (ji, se) -en; 2. Part. spunnen
Spinnengewebe, s., Spinnweev, Mz. -weven
Spinner (verworrener Mensch), m., Spinner, Spökenkieker, Mz. -s
Spion, m., Spion, Mz. -en
Spitze, Turm,Handarbeit, Berg, w., Spitz, Mz. -en; **Schnabelspitze,** Snipp, Mz. -en; **Anstoß, Spitze,** Tipp, Mz. -en
Spitze, Wipfel, Haar-, Mastspitze, m., Topp, Mz. -en
Spitze, Ecke, Winkel, w. u. m., Eck, Mz. -en; m., Oort, Mz. Öör, Öörd
mit drei Spitzen, dreetimpt
spitzen, zu-, an-, swv., spitzen, ick spitz, du -t, he -t, wi (ji, se) -t; Vg. ick (he) spitz, du -t, wi (ji, se) -en; 2. Part. spitzt
spitz, schnippisch, spitz, *se is avers spitz*
Spitzbube, m., Spitzboov, Mz. -boven
spleißen, spalten, stv., splieten, ick spliet, du splittst, he splitt, wi (ji, se) spliedt; Vg. ick (he) spleet, du -st, wi (ji, se) spleten; 2. Part.

spleten; auch: spletten
Spleen, Tick, m., Splien, *du hest ja 'n Splien (s. engl. spleen)*
spleenig, verworren, verrückt, splienig
Splint, m., Splint, Mz. -en; auch: Holzsplitter, *he hett sick 'n Splint in de Hand reten*
Splitter, Riß, m., Splitter, Spletter, Mz. -s; m., Spleet, Mz. Spleten, Spläät
spöttisch, spietsch, *dat is avers 'n spietsches Wief*
Sprache, w., Spraak, Mz. Spraken
sprechen, stv., spreken, ick spreek, du sprickst, he sprickt, wi (ji, se) spreekt; Vg. ick (he) spröök/sprook, du -st, wi (ji, se) sprö-ken/sproken; 2. Part. spraken; swv., reden, ick reed, du -st, he -t, wi reedt; Vg. wi reden; 2. Part. reedt; **Rede,** w., Reed, Mz. Reden; swv., snacken (s. reden)
sprechen, sehr schnell, swv., rappeln, *wat rappelst du bloots,* 2. Part. rappelt
Spreu vom Getreide, s., Kaff
Sprichwort, s., Sprickwoort, Mz. -wöör; **Redensart,** w., Redens-oort, Mz. -en
springen, stv., springen, ick spring, du -st, he -t, wi (ji, se) -t; Vg. ick (he) sprüng/sprung, du -st, wi (ji, se) sprüngen/sprun-gen; 2. Part. sprungen; auch: jumpen, 2. Part. jumpt
Spritze, w., Sprütt, Mz. -en, *he is ümmer de eerst Mann an de Sprütt*
spritzen, swv., sprütten, ick sprütt, du -st, he -t, wi (ji, se) -; Vg. ick (he) sprütt, du -st, wi (ji, se) -en; 2. Part. sprütt
spröde, spröön, spröde
Sprossen (Leiter), w., Trall, Mz. -en
Sproß, Keim, m., Spraat (Sproot), Mz. Spraten
Spruch, m., Spröök, Mz. Spröken
Spruchbuch, Album, s., Spröök-book, Mz. -böker
sprudeln, Wasser lassen, swv., strullen, ick strull, du -st, he -t, wi (ji, se) -t; Vg. ick (he) strull, du -st, wi (ji, se) -en; 2. Part. strullt
Sprung, auch: Sprung im Glas, m., Sprung, Mz. Sprüng, *dat Glas hett 'n Sprung*
spülen, abspülen, swv., spölen, ick spööl, du -st, he -t, wi (ji, se) -t; Vg. ick (he) spööl, du -st, wi (ji, se) spölen; 2. Part. spöölt
Spülwasser, s., Spöölwater
Spundloch, s., Spundlock, Mz. -löcker
Spuk, m., Spöök , m., Spijöök
spuken, swv., spöken, spökeln, *dat spökelt bi uns;* **spukhaft,** spöök-haftig
spucken, speien, swv., speen, spien, ick spee, du -st, he -t, wi (ji, se) -t; Vg. ick (he) spee, du -st, wi (ji, se) -n; 2. Part. speet; auch: spütten, ick spütt, wi spütt; Vg. wi spütten
Spucke, w., Spütt
Spule, w., Spool, Mz. Spolen
Spur, w., Spoor, Spöör, Mz. Spo-ren, Spören
spüren, Fährte suchen, swv., spö-ren, *de Hund spöört en Haas*
sputen, sich, swv., spoden, ick spood mi, du -st di, he -t sick, wi (ji, se) -t uns (juuch, sick); Vg.

ick (he) spood mi (sick), du -st di, wi (ji, se) spoden (juuch, sick); 2. Part. spoodt

Staat, m., Staat (Stoot), Mz. Staten

Stab, m., Staff, Mz. Stääv

Stab, spitzer, m. u. s., Spiel, Spill, Mz. -en

Stab, Stäbchen, m., Sticken, Mz. -s

Stachelbeere, w., Stickelbeer, Mz. -beren

Stadt, w., Stadt, Mz. Städer

Ständer, Stützbalken, m., Stänner, Mz. -s

Stärke, m., Amidaam, Aamdaam (zum Stärken der Wäsche)

stäuben, swv., stöven, *dat stöövt hüüt,* 2. Part. stöövt, Stöövkist = Gerät zum Reinigen des Korns

Stahl, m., Stahl

staken, swv., staken, ick staak, du -st, he -t, wi (ji, se) -t; Vg. ick (he) staak, du -st, wi (ji, se) staken; 2. Part. staakt; peken, 2. Part. peekt

Stall, m., Stall, Mz. Ställen, Stallen; Kaven (Koven) = Verschlag für Tiere

Stamm (Baum-, Familien-), m., Stamm, Mz. Stämm, Stammboom, Stammholler

stammeln, swv., stamern, ick stamer, du -st, he -t, wi (ji, se) -t; Vg. ick (he) stamer, du -st, wi (ji, se) -n; 2. Part. stamert

stampfen, swv., stampen, ick stamp, du -st, he -t, wi (ji, se) stampt; Vg. ick (he) stamp, du -st, wi (ji, se) stampen; 2. Part. stampt; das Schiff stampft; klüsen, 2. Part. klüüst, stampendick = sehr dick, fest

Stampfer, Rammbock, m., Pümpel, Mz. -s

Stand, Verkaufsbude, m., Stand, Mz. Ständ

Standarte, w., Stanner, Mz. -

Stange, Gestell, w., Stang, Mz. -en; **Holzstange für Federvieh zum Sitzen,** s., Rick, Reck, Mz. -s

Stange zum Räuchern, s., Spitt, Mz. Speet

stapeln, aufschichten, swv., stapeln, *he stapelt dat Holt,* 2. Part. stapelt

Stapel, m., Stapel, *dat Schipp warrt vun 'n Stapel laten*

stapfen, swv., stappen, ick stapp, du -st, he -t, wi (ji, se) -t; Vg. ick (he) stapp, du -st, wi (ji, se) -en (dörch den Snee); 2. Part. stappt

Star, m., Spree, Mz. Spreen

Star, den Star stechen, m., Stoor, *de Stoor mutt ick di steken*

stark, kräftig, stark, deegt, deftig

stark, sehr, bannig stark

Starke, junge Kuh, w., Stark, Mz. -en; w., Quie, Mz. Quien, Queen

Staub, m., Stoff

stauben, stäuben, swv., stöven, ick stööv, du -st, he -t, wi (ji, se) -t; Vg. ick (he) stööv, du -st, wi (ji, se) stöven; 2. Part. stöövt; *dat stöövt*

staubig, stoffig, stövig, mullig

stauchen, aufstauchen, swv., stuken, ick stuuk, du -st, he -t, wi (ji, se) -t; Vg. ick (he) stuuk, du -st, wi (ji, se) stuken; 2. Part. stuukt

stauen, auf-, verstauen, swv., stauen, ick stau, wi staut, 2. Part. staut

stechen, abstechen, festheften, anheften, stv., steken, ick steek, du stickst, he stickt, wi (ji, se) steekt; Vg. ick (he) steek, du -st, wi (ji, se) steken; 2. Part. steken
Steckrübe, w., Steekrööv, Mz. -röven
Steg, schwimmender, s., Slengels
stehen, stv., stahn, ick stah, du steihst, he steiht, wi (ji, se) staht; Vg. ick (he) stunn/stünn, du -st, wi (ji, se) stunnen/stünnen; 2. Part. stahn
stehlen, stv., stehlen, ick stehl, du -st, he -t, wi (ji, se) stehlt; Vg. ick (he) stohl, du -st, wi (ji, se) stohlen; 2. Part. stahlen; swv., klauen, *he hett klaut;* 2. Part. klaut; swv., tangen, 2. Part. tangt
stehlen, schnell zugreifen, swv., grapsen, grapschen, *he grapscht mi dat weg,* ick grapsch, du -t, he -t, wi (ji, se) -t; Vg. ick (he) grapsch, du -t, wi (ji, se) grapschen; 2. Part. grapscht
steif, stief, pall
steif, aufrecht, stuur, sture
steif gehen, s. staken
steif gefroren, feucht, klamm, *de Büx is so klamm*
steif gekocht, stampendick
steifnackig, taachnackt
steigen, klettern, stv., stiegen, ick stieg, du stiggst, he stiggt, wi (ji, se) stiegt; Vg. ick (he) steeg, du -st, wi (ji, se) stegen; 2. Part. stegen
Steilküste, s., Kliff, Klint, Mz. -en
Stein, m., Steen, Mz. -s und Stenen
Stein zum Glätten, m., Gniedelsteen
steinern, aus Stein, stenern
Stellage, w., Stellaasch
Stelle, Platz, w., Steed, Stääd, Mz. Steden, Städen; w., Stell, Mz. -en
Stelle, Fläche, s., Flaag, Flag, Flack, Flach, Mz. -en
stellen, hinstellen, swv., stellen, ick stell, du -st, he -t, wi (ji, se) -t; Vg. ick (he) stell, du -st, wi (ji, se) stellen; 2. Part. stellt
stellenweise, stedenwies
Stellmacher (Rahmen - Macher), m., Ramaker, Mz. -s
Stellnetz, s., Stellnett
Stellenschlachter, m., Stellenslachter
Stellvertreter, Verwalter, m., Viez, Mz. -en
Stengel, m., Stengel, Mz. -s
sterben, stv., starven, starben, ick starv, du -st, he -t, wi (ji,se) -t; Vg. ick (he) storv, se storven; 2. Part. storven; auch: doot blieven (s. blieven)
Stern, m., Steern, Stiern, Mz. -s
stetig, stüttig
Steuer, Abgabe, w., Stüür, Mz. Stüürn, Stüern; m., Schatt
Steuer, Ruder, s., Stüür, Mz. Stüürn, Stüern; s., Roder, Roor, Mz. -s
Steuermann, m., Stüürmann, Stüermann, Mz. -lüüd
steuern, lenken, swv., stüern, stüürn, ick stüer, du -st, he -t, wi (ji, se) -t; Vg. ick (he) stüer, du -st, wi (ji, se) -n; 2. Part. stüert; *de Kaptein stüürt dat Schipp*
Steven (am Schiff), m., Steven, stevig = stämmig, fest
Stich, (Nadel-, Wespen-), m., Stich, Stick, auch: *de Melk hett 'n*

Stich (sauer), *ick laat di nich in 'n Stich, du hest ja 'n Stich* (leicht verrückt)

stieben (Schnee), swv., füken, *dat füükt, wi hebbt Sneefüük*

Stiefbruder, m., Steefbroder, Mz. -bröder

Stiefel, m., Stevel, Stävel, Mz. -n

Stiefelschaft, m., Stevelschacht, Mz. -schächt; m., Stevelknecht; w., Stevelböst (-bürste)

Stieg (20 Stück), s. u. w., Stieg, Mz. -e, (Halfstieg = 10 Stück)

Stiel, m., Steel, Stääl, Stööl, Mz. -s u. -n; s., Helft, Helf, Mz. -en

Stift, Kloster, s., Klooster, Mz. -s

Stift aus Holz oder Metall, w., Pinn, Mz. -en, *de Schooster pinnt de Schoh*

stinken, stv., stinken, ick stink, du -st, he -t, wi (ji, se) -t; Vg. ick (he) stünk/stunk, du -st, wi (ji, se) -en; 2. Part. stunken; m., Stinkbüdel = Stänkerer

Stirn, w., Steern, Stiern, Mz. -s

stoben (Kartoffeln), swv., stoben, *Mudder stoovt de Kantüffeln, dat gifft hüüt Stoovkantüffeln;* 2. Part. stoovt

Stock, m., Stock, Mz. Stöck, Stökker; m., Schacht, Mz. -en; m., Staken, Mz. -s

stochern, swv., stökern, ick stöker, du -st, he -t, wi (ji, se) -t; Vg. ick (he) stöker, du -st, wi (ji, se) -n; 2. Part. stökert; *he stökert in dat Eten rum;* swv., prekeln, prökeln, purren

stöhnen, klagen, seufzen, swv., stöhnen, ick stöhn, du -st, he -t, wi (ji, se) -t; Vg. ick (he) stöhn, du -st, wi (ji, se) -en; 2. Part. stöhnt; *stöhn man nich so*

stolz, stattlich, stolt, *wees man nich so stolt*

Stolz, m., Stolt

stolz, keck, brösig; **selbstbewußt,** mastig, *se is ornlich mastig wurrn*

stopfen, swv., proppen, ick propp, du -st, he -t, wi (ji, se) proppt; Vg. ick (he) propp, du -st, wi (ji, se) -en; 2. Part. proppt

stopp, stopp

stoppen, swv., stoppen, *he stoppt den Verkehr,* 2. Part. stoppt

Storch, m., Adeboor, Aadboor, Ebeer, Mz. -s

stoßen, zerstoßen, stv., stöten, ick stööt, du stöttst, he stött, wi (ji, se) stööt; Vg. ick (he) stött, du -st, wi (ji, se) -en; 2. Part. stött; swv., schubsen, 2. Part. schubst

Stoß, m., Stoot, Mz. Stööt; m., Schubs

stottern, stammeln, swv., stamern, ick stamer, du -st, he -t, wi (ji, se) -t; Vg. ick(he) stamer, du -st, wi (ji, se) -n; 2. Part. stamert; swv., stötern, ick stöter, du -st, he -t, wi (ji, se) -t; Vg. ick (he) stöter, du -st, wi (ji, se) -n; 2. Part. stötert

Stotterer, m., Stöter, Mz. -s, m., Stamerbuck, Mz. -

Strafe, w., Straaf, Mz. Strafen

Strahl, m., Strahl, Mz. -en, Straal, Mz. -en

stramm, stevig, *dat is 'n stevigen Keerl*

strampeln, swv., sparteln, spatteln, *se spartelt ornlich,* 2. Part. spartelt; swv., ampeln, 2. Part ampelt

Strand, m., Strand, *ick gah an'n*

Strand, Strandvaagt, Strandgoot
stranden, swv., strannen, 2. Part. strannt, *dat Schipp is strannt, he is in dat Armenhuus strannt*
Strang, m., Strang, Mz. Sträng
strapazieren, swv., strapseren, strapzieren; 2. Part. strapseert
Straße, w., Straat, Mz. Straten
Straße, schmale, w., Twiet, Twiete, Mz. -en, m., Weg, Mz. Weeg, *maak di op den Weg*
Strauch, m., Struuk, Mz. Strüük, Strüker
Strauchbesen, m., Struukbessen
Strauß (Blumen-), m., Struuß, Struusch, Mz. Strüüschen
Strebe, schräge Stütze, w., Streef, Streev, Mz. Strefen, Streven, *du muttst 'n Streev intrecken*
streben, anstreben, auf einen Ort hinstreben, swv., streven, streben, ick streev, du -st, he -t, wi (ji, se) -t; Vg. ick (he) streev, du -st, wi (ji, se) streven; 2. Part. streevt
Streich, m., Striek, *he hett mi 'n Striek speelt,* Streek, Mz. Streken
Streiche, lose, Mz. Undöög, Undöögd, Döögt, *he hett bloots Undöög vör*
streicheln, liebkosen, swv., strakeln, ick strakel, du -st, he -t, wi (ji, se) -t; Vg. ick (he) strakel, du -st, wi (ji, se) -n; 2. Part. strakelt; straken, 2. Part. straakt, *he straakt ehr*
streichen, stv., strieken, ick striek, du striekst, he striekt, wi striekt; Vg. ick streek, wi streken; 2. Part. streken; swv., eien, ick ei, du -st, he -t, wi (ji, se) -t; Vg. ick (he) ei, du -st, wi (ji, se) -en; 2. Part. eit; *se eit em*; fiecheln, ficheln
Streichholz, m., Striekssticken, Rietsticken, Mz. -; m., Striekholt, Mz. -hölter
Streifen, m., Stremel, Mz. -s
Streifen, schmaler Str. Land, s., Striep, Mz. -en; m., Remel, Mz. -s, auch: *he hett de Torf in Remels upsett, he remelt de Torf*
Streit, m., Striet, Kreet, Kretel, Spektakel, *de Kinner kretelt sick*
streiten, zanken, stv., strieden, ick stried, du striddst/striedst, he striddt/striedt, wi (ji, se) striedt/stried; Vg. ick (he) streed/stree, du streedst, wi (ji, se) streden; 2. Part. streden; swv., kabbeln, kreteln
streiten, sich, swv., sick raken, 2. Part. raakt; swv.; kreteln, *se mööt sick jümmers kreteln, wat för 'n Kretelee is dat bloots*
Streithammel, m., Wrangelpott, *du büst 'n olen Wrangelpott*
streng, streng, strenger, an'n strengsten
Streu, s., Streiels, Streuels, Streu, Strei
streuen, ausstreuen, swv., streuen, streien, ick streu, du -st, he -t, wi (ji, se) -t; Vg. ick (he) streu, du -st, wi (ji, se) -en; 2. Part. streut, streit; *Vadder streut bi de Köh*
Strich, m., Streek, Mz. Streken
Strick, m., Tüder, Mz. -n
stricken, swv., strichen, stricken, ick strich, du -st, he -t, wi (ji, se) -t; Vg. ick (he) strich, du -st, wi (ji, se) -en; 2. Part. stricht
Stricknadel, w., Stricknadel, Mz.

-n; w., Strichwier, Mz. -en

striegeln, putzen, swv., striegeln, ick striegel, du -st, he -t, wi (ji, se) -t; Vg. ick (he) striegel, du -st, wi (ji, se) -n; 2. Part. striegelt, *de Knecht striegelt de Peer*

strömen, swv., strömen, *de Regen ströömt man so dal, de Menschen ströömt in't Theater,* 2. Part. strööm

Strömung, Strom, m., Stroom, Strömung

Stroh, s., Stroh

Strohwisch, w., Waas, Mz. Wasen

Strohmiete, w., Miet, Mz. -en, (Ang. Hiß, His, *se sind bi un setten en Hiß*)

Stromer, m., Buttjer, Mz. -s

Strumpf, m., Strump, Mz. Strümp; w., Sock, Mz. -en, *maak di up de Socken*

Strumpfband, s., Strumpenband, Mz. -bänner

Strumpf aus Wolle, m., Haas, Mz. Hasen, Wullstrümp

Strunken, m., Strunk, Mz. Strünk

Stube, w., Stuuv, Mz. Stuven, Döns, Mz. Dönsen

Stubben, m., Stubben, Knubben, Knupp, Stemmel, Mz. -s

studieren, swv., studeren, ick studeer; du -st, he -t, wi (ji, se) -t; Vg. ick (he) studeer, du -st, wi (ji, se) -n, studeern; 2. Part. studeert, *he studeert in Hamborg*

Student, m., Student, Mz. -en

Stück, s., Stück, Mz. Stücken, Stücker

Stück, kleines, m., Klatt, Mz. Klatten, Kladden, *dat is je man 'n Klatt*

Stück, abgespaltenes, etwa Bleistückchen, s. u. m., Schroot

Stück Holz, langes, w., Spier, Mz. -en

stückweise, quantwies

stürmisch, lauernd, tückisch, gluupsch, glupsch, *he is avers gluupsch to ehr, wees nich so gluupsch*

stürzen, swv., störten, ick stört, du -tst, he -t, wi (ji, se) -; Vg. ick (he) stört, du -tst, wi (ji, se) -en; 2. Part. stört

Stützbalken, m., Stieper,Mz. -s

Stütze, Strebe, w., Stütt, Mz. -en; Streev, Mz. Streven

Stuhl, m., Stohl, Mz. Stöhl

Stunde, w., Stunn, Stünn, Mz. Stünnen, Stunnen, *dat hett Stunnen duert;* **halbe Stunde,** w., Halfstunnstiet

Stunde, zur, opstunns

Stummel, m., Stummel, Mz. -s

stumpf, rauh, druuv, druve

Sturm, m., Storm, Mz. Störm

Stute, Mutterpferd, w., Stuut, w., Tööt, Mz. Töten

Stuten (Gebäck), m., Stuten, Stuut, Mz. -s und Stuten

Stutzer, Angeber, m. Geck, Mz. -en, m. Aap, Mz. Apen (Ang. Sprah)

suchen, stv., söken, ick söök, du söchst, he söcht, wi (ji, se) söökt; Vg. ick (he) söch, du -st, wi (ji, se) -en; 2. Part. söcht

Süden, Süden, Süüd, *dat Huus liggt süden dat Dörp*

Sünde, w., Sünn, Mz. -en

Sünder, m., Sünner, Mz. -s

süß, sööt, söte Deern

Süßigkeiten essen, swv., slickern, ick slicker, 2. Part. slickert

suhlen, im Schmutz wühlen, swv., söhlen, ick söhl mi, du -st di, he -t sick, wi (ji, se) -t uns (juuch, sick); Vg. ick (he) söhl mi (sick), du -st di, wi (ji, se) -en uns (juuch, sick); 2. Part. söhlt
Sumpfland, m., Brook, s., Moor, Morkuul, Mz. -kulen
Suppe, w., Supp, Mz. -en
Superintendent, m., Suppernndent
Swutsch, *se geiht up de Swutsch* = ins Nachtleben stürzen
Syringe, Syringenstrauch, w., Zireen, Mz. Zirenen; Syringe, Mz. Syringen

T

Tabak, m., Taback, Toback, Knaster
Takelage, w., Takelaasch
täglich, dagdääglich, dääglich
Tafel (Schiefer-), s., Lei
Tafel, w., Tafel, Mz. -n
Tag, m., Dag, Mz. Daag
Tageszeit, w., Dagstiet, Mz. -tieden
Tagelöhner, m., Daglöhner, Mz. -s; m., Inst, Mz. -en
tagsüber, daagsöver, daags
Taille, w., Talje, Mz. -n
Taler, m., Daler, Mz. -s
Talg, m., Tallig
Tanne, w., Dann, Mz. -en; m., Dannenboom, Mz. -bööm
Tante, w., Medder, Meller, Möhm, Weschen, Weeschen, Wääschen, Mz. -s
Tanz, m., Danz, Mz. Dänz
tanzen, swv., danzen, dansen, ick danz, du -t, he -t, wi (ji, se) -t; Vg. ick (he) danz, du -t, wi (ji, se) -en; 2. Part. danzt
Tanzfest, m., Ball, Mz. Bäll
tappen, swv., tappen, *he tappt in Düüstern*
Tasche, w., Tasch, Mz. -en
Taschentuch, s., Taschendook, Mz. -döker, Snattdook, Snottdook
Tasse, w., Taß, Mz. Tassen; Kopp, Mz. Köpp (Trinkgefäß)
tatsächlich, auch: tüchtig, fertig, passend, handlich, ordentlich, wirklich, sauber, redig
Tau, s., Tau, Mz. -en; Reep
Tau (auf dem Gras), m., Daak, Dau, *dat daut* = es taut
Tau gleiten, ablaufen lassen, swv., fieren, 2. Part. fiert
taub, doof
Taube, w., Duuv, Mz. Duven
Tauber, Täuberich, m., Düffer, Mz. -s
tauchen, eintauchen, swv., duken, 2. Part. duukt; swv., stippen, 2. Part. stippt
tauen, auftauen, swv., dauen, *dat daut (op)*
taufen, swv., döpen, ick dööp, du -döffst, he -döfft, wi (ji, se) -t; Vg. ick (he) döff, du döffst, wi (ji, se) döffen; 2. Part. döfft
Taufe, Taufbecken, w., Dööp
Taufname, Dööpnaam, Mz. -namen
taugen, stv., dögen, ick döög, du döchst, he döcht, wi (ji, se) döögt; Vg. ick (he) döch, du -st, wi (ji, se) döchen; 2. Part. döcht
Taugenichts, m., Sleef, Sleev, Mz. Slefen

Tausch, m., Tuusch
tauschen, swv., tuuschen, ick tuusch, du -st, he -t, wi (ji, se) tuuscht; Vg. ick (he) tuusch, du -st, wi (ji, se) tuuschen; 2. Part. tuuscht; swv., küütbüten (auch: schummeln)
tausend, dusend
Tauwetter, s., Dauwedder
taxieren, schätzen, überschlagen, swv., taxeren, taxeern, 2. Part. taxeert
Tee, m., Tee
Teer, m., Teer (Täär)
teeren, swv., teren; 2. Part. teert
Teich, m., Diek, Mz. Dieken
Teil, m. u. s., Deel, Mz. - und Delen
Teig, (Kuchen-), m., Deeg
teilen, aufteilen, swv., delen, ick deel, du -st, he -t, wi (ji, se) -t; Vg. ick(he) deel, du -st, wi (ji, se) delen; 2. Part. deelt
Teller, m., Teller, Töller, Mz. -s
Tenne, (Ang. Lo, Loh, Lohdeel), w., Schüündeel, Mz. -delen; **Dreschdiele,** w., Grootdeel, Lohdeel, -dääl, Mz. -delen
teuer, düer, *dat warrt di 'n düer Taß Tee*
Teufel, m., Düvel, Deubel, Deuker, Mz. -s
ticken, klopfen, swv., picken, 2. Part. pickt
Tiden (Ebbe und Flut), w., Tied, Mz. Tiden
tief, deep, deper, an'n deepsten, *depes Lock*
Tiefe, w., Deep, Deepde
tiefsinnig, deepdenkern
Tier, s., Beest, Bester, Tier, Mz. -e
Tier, großes Haustier, s., Deert, Diert, Mz. -er, -en, auch: Beest
Tinte, w., Dinte, Black
Tischler, m., Discher, Knastenstöter, Mz. -s
Tischlerei, w., Discheree, Snittjeree, Mz. -n
toben, albern spielen, swv., dalvern, ick dalver, du -st, he -t, wi (ji, se) -t; Vg. ick (he) dalver, du -st, wi (ji, se) -n; 2. Part. dalvert; *dalvert nich so rüm!* **albern** = dalverig
Tochter, w., Dochter, Mz. Döchter; Deern, Diern, Mz. -s
Töpfer, m., Pötter, Pöttker, Püttjer, Mz. -s
Törn, Reihe, in einer Reihe, einem Zug, m., Törn, *he raast in enen Törn liek dörch 't Dörp*
toll, dull
Tonbank, w., Teek, Mz. Teken; Toonbank, Mz. -bänk, Tresen
Tonne, w., Tunn, Tünn, Mz. -en, *Mann in de Tünn!* (Ausruf des Erstaunens)
Ton, Laut, m., Toon, Mz. Töön
Topf, m., Pott, Putt, Mz. Pött, Pütt
Topfblume, w., Pottbloom, Mz. -blomen, -blööm
Tor, der, m., Door, Mz. Doren
Tor, das, s., Door, Mz. Doorn, Doren; w., Grootdöör, Mz. -dören; **Seiten-, Nebentür,** w., Siedel-, Sieden-, Blangendöör, Mz. -dören
Torfsoden, m., Torf, Torfsaden, Törf, Mz. Torv
Tornister, m., Tornüster, Mz. -s
Tod, der, m., Dood
tot, doot, *he is doot*
Tote, der, m., Dode, Mz. -n
Totengräber, m., Kulengräver

Totenkopf, m., Dodenkopp
Tour, Reise, w., Tuur, Mz. Tuurn
Trab, m., Draff, Draav, *ick will di al in Draff bringen*
Trab, langsam, m., Zuckeldraff
traben, laufen, swv., draven, ick draav, du -st, he -t, wi (ji, se) -t; Vg. ick (he) draav, du -st, wi (ji, se) draven; 2. Part. draavt
Tracht (Gestell zum Tragen), w., Dracht, Mz. -en
träge, unklar, nuddelig
Träne, w., Traan, Mz. Tranen
tränen, swv., tranen, *mi traant de Ogen,* 2. Part. traant
tränken, swv., börnen, ick börn (dat Veeh), du -st, he -t, wi (ji, se) -t; Vg. ick (he) börn, du -st, wi (ji, se) -en; 2. Part. börnt
träumen, swv., drömen, ick drööm, du -st, he -t, wi (ji, se) -t; Vg. ick (he) drööm, du -st, wi (ji, se) drömen; 2. Part. dröömt
träumen, vor sich hin, swv., dösen, he dööst, 2. Part. dööst
tragen, transportieren, stv., dregen, ick dreeg, du driggst, he driggt, wi (ji, se) dreegt; Vg. ick (he) dröög/droog, du -st, wi (ji,se) drögen/drogen; 2. Part. dragen
Tran (Fischfett), m., Traan
Tranlampe, w., Traanküsel, Traanfunzel
Traube (Wein-), w., Druuv, Mz. Druven
trauen, swv., truen, troen, *ick truu di (nich), se warrt in de Kark truut,* 2. Part. truut
trauern, swv., truern, ick truer, du -st, he -t, wi (ji, se) -t; Vg. ick (he) truer, du -st, he -t, wi (ji, se) -n; 2. Part. truert
traurig, trurig
treffen, antreffen, stv., drepen, drapen, ick draap, du dröppst, he dröppt, wi (ji, se) draapt; Vg. ick (he) dreep, du -st, wi (ji, se) drepen; 2. Part. drapen
treiben, stv., drieven, ick driev, du driffst, he drifft, wi (ji, se) drievt; Vg. ick (he) dreev, du -st, wi (ji, se) dreven; 2. Part. dreven; *Vadder drifft de Köh na de Koppel*
treiben, jagen, wegjagen, swv., benschen, benstern, 2. Part. benscht
treiben, Vieh, stv., möten, ick mööt, du möttst, he mött, wi (ji, se) mööt; Vg. ick (he) mött, du -st, wi (ji, se) möten; 2. Part. mött
Treiber, m., Driever, Mz. -s
treideln (Schiff treideln), swv., treideln, ick treidel, du -st, he -t, wi (ji, se) -t; Vg. ick (he) treidel, du -st, wi (ji, se) -n; 2. Part. treidelt; *dat Schipp treideln*
Trense (Pferdegeschirr), Leitriemen, w., Trens, Mz. -en
Tresen, m., Toonbank, Mz. -bänk; m., Tresen, Mz. -
treten, eintreten, stv., treden, ick treed, du triddst, he tridd, wi (ji, se) treedt; Vg. ick (he) treed, du -st, wi (ji, se) treden; 2. Part. treedt; swv., pedden, Ick pedd, du peddst, he peddt, wi (ji, se) peddt; Vg. ick (he) pedd, du -st, wi (ji, se) -en; 2. Part. peddt
treu, tru, trulich
Treue, w., Tru, Tro
Trichter, m., Trechter, Mz. -s
trillern, swv., quinkeleern, -leert,

de Vagels quinkeleert al den ganzen Morgen; 2. Part. quinquileert

Trinkbecher, Kaffeetasse, m. u. w., Muck, Mz. -en, *du kriggst Muckefuck to drinken*

trinken, stv., drinken, ick drink, du -st, he -t, wi (ji, se) -t; Vg. ick (he) drünk/drunk, du -st, wi (ji, se) drünken/drunken; 2. Part. drunken

trinken, schlürfend, swv., slappen (s.o. slappen), *he slappt dat Water man so weg*

Tritt, m., Pedd, Tritt, Mz. Treed

Tritt zum Überklettern, m., Slegel, Stegel, Mz. -s

trocken, abgestorben, dröög, *dat dröge Holt* (dröger, an'n dröögsten)

trocknen, swv., drögen, *dröög di af,* 2. Part. dröögt

Trockenheit, w., Dröögde, *he sitt up'n Drögen*

trödeln, swv., trödeln, ick trödel, du -st, he -t, wi (ji, se) -t; Vg. ick (he) trödel, du -st, wi (ji, se) -n; 2. Part. trödelt

tröpfeln (Wasserhahn), swv., drüppen, dat drüppt, drippeln, dat drippelt; 2. Part. drüppt; drüppeln, 2. Part. drüppelt

trösten, swv., tröösten, *trööst di man dormit,* 2. Part. trööst

Trog, m., Trog, Mz. Tröög

Trommel, w., Trummel, Trumm, Mz. -s

Trommel, Walze, w., Trümmel, Mz. -s

Trompete, m., Trumpett, Trumpeet, Mz. -en, -peten; w., Blaas, Mz. Blasen

Tropf, Narr, m., Dussel, *stell di nich so dusselig an*

tropfen, swv., s. tröpfeln

Tropfen, m., Druppen, Drupp, Draap, Droop, Drüpp, Mz. -en

Trost, m., Troost

trotzdem, liekers, liekveel

trüb, düster, munkelig

trügen, betrügen, stv., (be)dregen, ick (be)dreeg, du (be)drüchst/bedrüggt, he bedrücht/bedrüggt, wi (ji, se) (be)dreegt; Vg. ick (he) bedroog, du -st, wi (ji, se) bedrogen; 2. Part. bedragen, („*...wo de Ollsch mit de Lücht, de de Lüüd bedrücht...*“ - Laternelied)

Truhe, Lade, w., Laad, Mz. Laden

Trunk, m., Drunk

Trunkenheit, m., Brand, *he hett avers 'n Brand;* m., Haarbüdel, Mz. -s; m., Kliester, Mz. -s

Truthahn, m., Kallekuut, Mz. -kuten; Kalkuun, Kalkuut, Kuunhahn, Mz. -s

Tuch, s., Dook, Mz. Döker

Tuch zum Essentragen, s., Eteldook

Tuch zum Durchsieben, s., Seihdook

Tuchkante, w., Egg (auch: Schneide, Kante, Ecke)

tüchtig, düchtig, todegen, tokehr, oordig, orig, arrig, basig, deegt. deger

tüdern, swv., tüdern, *he tüdert sien Schaap,* 2. Part. tüdert

Tümpel, s. u. m., Sahl, Mz. Sahlen

Tür, w., Döör, Mz. Dören

Tür zum Misthaufen, w., Missendöör, Mz. -dören

Türangel, w., Häng, Mz. -en

Türriegel, s. u. w., Schuuf, Schuuv,

Mz. Schuven
Türschwelle, w., Drempel, Mz. -s, Süll
Türschwelle, -pfosten, w., Drüssel, Mz. -s
Türverschluß, Überfall, m., Överfall, Mz. -fäll
Türke, m., Törk, Mz. -en
Tüte, w., Tuut, Mz. Tuten; Tüüt, Mz. Tüten
Tulpe, w., Tulp, Tulipant, Mz. -en
-tum, -dom, Riekdom
tun, stv., doon, ick do, du deist, he deit, wi (ji, se) doot; Vg. ick (he) dee, du deest, wi (ji, se) deen; 2. Part. daan
Tunke, w., Stipp, Stippels
tunken, swv., stippen, 2. Part. stippt
Turm, m., Toorn, Torn, Mz. -s
tuscheln, swv., tuscheln, *wat hebbt se to tuscheln?* 2. Part. tuschelt
tuten, swv., tuten, ick tuut, du -st, he -, wi (ji,s e) -; Vg. ick(he) tuut, du -st, wi (ji, se) tuten; 2. Part. tuut
tutig, tutig

U

und, un
üben, ausprobieren, swv., öven, öben, ick ööv, du -st, he -t, wi (ji, se) -t; Vg. ick (he) ööv, du -st, wi (ji, se) öven; 2. Part. öövt
übellaunig, övelnehmsch, mucksch, muulsch
übelnehmend, övelnehmsch; **empfindlich,** neegneemsch, *se is orrig neegneemsch*
über, över, över 'n, över 't
überall, allerwegen(s)
Überbleibsel, Rest, s., Naschrapels, Slatt/Schlatt, Mz. -en
Überdecke über Betten, w., Spreedeek, Mz. -deken
überein, övereen, *dat stimmt övereen*
übereinander, över'nanner, -enanner
Überfall, Türverschluß, Överfall, Mz. -fäll
überflüssig, reichlich, överleidig, överscherig
übermütig, överdorig, överspöönsch, wehlig, auch: hochmütig, krötig, överböstig, övermastig
überspritzen, swv., pulschen, 2. Part. pulscht
übertrieben, gierig, happig, *dat is avers meist happig*
übervoll, buukt
übernehmen, swv., övernehmen, *he övernimmt sick*
überziehen, stv., övertrecken (s. ziehen - trecken)
Überzieher, Mantel, m., Övertrecker, Mz. -s
üblich, begäng
übrig, övrig
üppig, verschwenderisch, riev
Ufer, s., Över, Mz. -s
Uhr, w., Klock, Mz. Klocken
Uhrzeiger, m., Wieser, Mz. -s
um, um, üm, ümbi
Umhang, Mantel, m., Heuken, Mz. -s
umherirren, swv., biestern, ick biester, du -st, he -t, wi (ji, se) -t; Vg. ick (he) biester, du -st, wi (ji,s e) -n; 2. Part. biestert; *he bie-*

stert rüm, he verbiestert sick, he is verbiestert
umherrennen, swv., birsen, 2. Part. birst, *de Köh birst*
umsonst, ümsünst, umsünst
Umstand, m., Umstand, Mz. -stänn, Ackewars, *maak man nich so'n Ackewars* = mach dir keine Umstände
Umstände, s., Weeswark, *maak nich so'n Weeswark dovun, (Ang. Trabbel);* **Umstände machen,** s., Ackewars, *maak man nich so 'n Ackewars*
Umweg, Umzug, m., Ümtog, Mz. -töög
Umzug, Umweg s., Umweg
unangenehm, fies, leidig, *he is avers fies*
Unannehmlichkeit, Mz. Lackermentjes
unansehnlich, elend, schetterig, schedderig, *du sühst schedderig ut*
unaufhörlich reden, swv., dibbern, ick dibber, du -st, he -t, wi (ji, se) -t; Vg. ick (he) dibber, du -st, wi (ji, se) -n; 2. Part. dibbert
Unart, m. u. w., Unoort, Mz. -oorden
unartig, unnasch, unnatsch, unoordig, -orig
unbedarft, naiv, unbedarft
unbedeutend, schraffelig, nierig
unbeholfen, tuntig, (Ang. tossig)
uneben, rauh, rubberig, ruuch, knubberig
Unflat, m., Unflaat
unfreundlich, ünnerfriendsch, üütsig
unfreundlich, schäbig, schabbig
unfruchtbar, güst, güüst
Ungeduld, Unrast, w., Ungeduur, -gedüür
ungefähr, ümtrent
ungehobelter Mensch, m., Flegel, Mz. -s
ungeschickt, dammelig, tapsig
ungeschickt schneiden, swv., fuken; 2. Part. fuukt
Unglück, s., Malöör
Unglück haben, machen, swv., malören, *he is malöört,* 2. Part. malöört, *dat is malöört* (es ist passiert)
ungewohnt, ungewennt
ungläubig, unglöövsch
unklar, träge, nuddelig
Unkraut, s., Unkruut
unordentlich, sluderig, sludderig
Unordnung, Pfuscharbeit, m., Murks
Unordnung, in U. gebracht, vermurkst
Unrat, m., Unraat
Unrecht, m., Tort, *'n Tort andoon*
Unruhe, Unroh, Unrauh, (Ang. Wröl, Trabbel)
unruhig, kabbelig
unruhig hin- und herlaufen, swv., heeßpesen, pesen, 2. Part. -peest
unruhig, voreilig, jiddelig
uns, uns
unschlüssig sein, krank tun, swv., quackeln, ick quackel, du -st, he -t, wi (ji,s e) -t; Vg. ick (he) quakkel, du -st, wi (ji, se) -n; 2. Part. quackelt
unsauber, schmierig, salterig
unsauber, snuddelig, snuttelig
unsauber arbeiten, swv., suddeln, 2. Part. suddelt
unsinnig, dwatsch, *dat 's 'n dwatschen Kraam*

Unsinn reden, swv., quatschen, ick quatsch, du quatschst, he -t, wi (ji, se) -t; Vg. ick (he) quatsch, du -t, wi (ji, se) -en; 2. Part. quatscht
unten, nerrn, nedden, ünnen, ünner, ünner 'n Disch, de ünnerst, to ünnerst
Unterbett, Pfühl, m. u. w., Pöhl, Mz. -en
unterdessen, wieldes, middewiel, bides
Unterfutter, s., Fudder, Underfudder, Ünnerfudder
unterhalten, sich, swv., klönen, ick klöön, du -st, he -t, wi (ji, se) -t; Vg. ick (he) klöön, du -st, wi (ji, se) klönen; 2. Part. klöönt
Unterhaltung, leichte, m., Klöönsnack; Klööndöör, Klöönkasten (Telefon)
Unterholz, Gestrüpp, m. u. s., Kratt
Unterirdische, Mz. Ünnereerdschen
Unterschied, m., Ünnerscheed, Mz. -scheden
Unterschied ausmachen, swv., schelen, *dat scheelt nich veel*
unterstellen vor dem Regen, swv., schulen, ick schuul, du -st, he -t, wi (ji, se) -t; Vg. ick (he) schuul, du -st, wi (ji, se) schulen; 2. Part. schuult; *he schuult ünner den Boom*
untertauchen, swv., dükern, ick düker, du -st, he -t, wi (ji, se) -t; Vg. ick (he) düker, du -st, wi (ji, se) dükern; 2. Part. dükert; *ick düker/düük di ünner*
unterwegs, ünnerwegens
Untier, Biest, Undeert, Mz. Undeerten
unverschämt, utverschaamt
Unwetter, s., Unwedder, Wedder
uralt, oorooolt
urinieren, swv., pissen, 2. Part. pißt; strullen, 2. Part. strullt; stv., miegen, ick mieg, du miggst, he miggt, wi (ji, se) miegt; Vg. ick meeg, du st, he -t, wi (ji, se) megen; 2. Part. megen
Ursache, w., Oorsaak, Mz. -saken
Urteil, s., Oordeel, Mz. -dele; Urdeil, Mz. -e
urteilen, swv., oordelen, *du oordeelst avers hart*

V

Vater, m., Vader, Vadder, Mz. -s, (Grootvadder, Grootmudder, Grootöllern)
verbieten, stv., verbeden, ick verbeed, du verbüddst, he verbüddt, wi (ji, se) verbeedt; Vg. ick (he) verbood, du -st, wi (ji, se) verboden; 2. Part. verbaden
verbeult, bulerig
verdächtig, staubig, mulmig
verdauen, vertragen, swv., verknusen, *dat kann ick nich verknusen,* 2. Part. verknuust
Verdeck, Plattform des Schiffes, s., Deck, Mz. -s
verderben, stv., verdarben, verdarven, ick verdarv, du -st, he -t, wi (ji, se) -t; Vg. ick (he) verdörv, du -st, wi (ji, se) -en; 2. Part. verdorven; toschannen maken, *he maakt dat toschannen*
verderben, verwirren, swv., ver-

masseln, *du hest mi de Tuur vermasselt*

verdienen, gewinnen, swv., verdenen, ick verdeen, du -st, he -t, wi (ji, se) -t; Vg. ick (he) verdeen, du -st, wi (ji, se) verdenen; 2. Part. verdeent; *dat hest du nich verdeent*

Verdienst, m., Verdeenst, Mz. -en, *dat is nich dien Verdeenst*

verdorben, alt, ranzig, galsterig, gelsterig

verdorben, vermurkst, *dat hest du vermurkst*

verdreht, verdreiht, auch: **durchgedreht, verrückt, verflucht,** *verdreiht noch mal*

verdrießen, stv., verdreten, verdrütt, dat verdrütt mi, dat verdrütt uns; Vg. dat verdroot mi (uns); 2. Part. verdraten

verdrießlich, verdreetlich, quarkig, mulsterig, gnittscheevsch

verdutzt, verdattert

Verein, m., Vereen, Mz. Verenen

vereinzelt, verenkelt, verenkelde

Verfassung, Zustand, m., Verfaat, *he is in 'n slechte Verfaat*

verfaulend, olmig

verfilzt durch Unsauberkeit, kladderig

vergangen, verleden, *verleden Sünndag, verleden Week*

vergeblich, vergeevs

vergessen, stv., vergeten, ick vergeet, du vergittst, he vergitt, wi (ji, se) vergeet; Vg. ick (he) vergeet, du -st, wi (ji, se) vergeten; 2. Part. vergeten

Vergleich, m., Vergliek, Mz. -glieken

vergleichen, einigen, swv., verglieken, ick vergliek, wi vergliekt uns

Vergnügen, s., Vergnögen, Pläseer

vergnügen, sich amüsieren, swv., vergnögen, ick vergnöög mi, du -st di, he -t sick, wi (ji, se) -t uns (juuch, sick); Vg. ick (he) vergnöög mi (sick), du -st di, wi (ji, se) vergnögen uns (juuch, sick); 2. Part. vergnöögt

vergrellen, erzürnen, swv., vergrellen, ick bün vergrellt, 2. Part. vergrellt

verhaften, bi 'n Krips nehmen, verhaften, fastnehmen, opgriepen

verheddern, durcheinandergeraten, swv., ick verhedder mi, du -st di, he -t sick, wi (ji, se) -t uns (juuch, sick); Vg. ick (he) verhedder mi (sick), du -st di, wi (ji, se) -n uns (juuch, sick); 2. Part. verheddert; *dat hett sick verheddert*

verirren, verwirren, verbiestern, swv., verbiestern, *he is ganz verbiestert,* 2. Part. verbiestert

verkeilen, swv., verkielen; 2. Part. verkielt

verkrüppelt, kröpelig

verkümmert, vernückert

verlangen, erwarten, swv., verlangen, *dat verlang ick vun di;* **sehnsüchtig verlangen,** swv., lengen

verlangen, heftig, swv., giepen, jiepern, *he jippert na en Zigarett,* 2. Part. giepert, jiepert

Verlaß, m., Verlaat, *up di is keen Verlaat*

verlieren, stv., verleren, ick verleer, du verleerst/verlüst, he verleert/verlüst, wi (ji, se) verleert; Vg. ick (he) verloor, du -st, wi (ji, se) verloren; 2. Part. verloren

Verlobung, w., Verlööfnis

verlockend, reizend, begehrlich, angreifend, angreepsch

verlustig gehen, verschütt gahn

vermieten, sich verdingen, swv., vermeden, *he hett sick vermeedt,* 2. Part. vermeedt

Vermittler, m., Middelsmann, Mz. -lüüd

vermuten, swv., vermoden; 2. Part. vermoodt, *dat weer ick mi vermood;* swv., gissen; ick giß, du (he) -t, wi (ji, se) -t; Vg. ick giß, du (he) -t, wi (ji, se) gissen; 2. Part. gißt

verprügeln, swv., verprügeln, *he wurr ornlich verprügelt,* swv., daaksen, *se daakst sick*

verpusten, verschnaufen, swv., verpuusten, ick verpuust mi, du -st di, he - sick, wi (ji, se) - uns (juuch, sick); Vg. ick (he) verpuust mi (sick), du - di, wi (ji, se) verpusten uns (juuch, sick); 2. Part. verpuust

verrotten, verfaulen, swv., verrotten, verrötten, rotten, *de Appeln sünd verrött/(ver)rott,* **rott,** rott, rött

verrrückt, unbeholfen, tossig, fimmelig

Versammlung, w. u. s., Versammeln

verschlagen, hinterhältig, tükkisch, swienplietsch, tücksch

Verschlag, Zaun, Planke, m. u. s., Glind, Mz. -en; w., Box, Mz. -en

verschleißend, leicht, sleetsch

verschieben, sich bewegen, stoßen, swv., schaken, ick schaak, du -st, he -t, wi (ji, se) -t; Vg. ick (he) schaak, du -st, wi (ji, se) schaken; 2. Part. schaken

verschlossen, heelgaten

Verschluß, Schott, m., Schott, Mz. -en

verschwenden, swv., asen, *he aast mit uns Saken,* 2. Part. aast

verschwenderisch, üppig, riev

verschütten, verlieren, swv., spillen, 2. Part. spillt

verschwiegen, heelgeten

verschwunden, verswunnen, futsch, *dat is futsch*

Verstand, m., Grips, (Ang. Sans)

verständig, verstännig

Versteck, s., Versteek, Mz. -steken

versteigern, swv., bolen, ick bool, wi boolt; Vg. wi bolen; 2. Part. boolt

Versteigerung, w., Bool, Mz. Bolen, w. Versteigern

Versuch, m., Versöök, Mz. -söken

verteidigen, swv., verdeffenderen, -deern, 2. Part. -deert, *verdeffendeer di!*

Verteidigung, Abwehr, w., Wehr (Wehr auch: Staudamm)

verteufelt, verdüvelt

Vertiefung, w., Lunk, Mz. -en; Nuut, Mz. Nuten, *op Nuut un Fedder*

Vertrag, m., Verdrag, Mz. Verdrääg

verträglich, duldsam, liedsaam

Verwalter, Vertreter, m., Viez, Mz. -en

Verwechslung, Tausch, m., Tuusch

verwerfen, aus der Richtung fallen, swv., bleiern, *de Ball bleiert orrig,* 2. Part. bleiert

verwirrt, verrückt, tumpig, verbaast, biester, *he is ganz biester*
verwirrt, angetrunken, benüsselt
verwirrt reden, swv., tünen, he tüünt, ji tüünt, 2. Part. tüünt
verworren, bleierig, *dat is bleierig*
verwundern, erstaunen, swv., verwunnern, ick verwunner mi, du -st di, he -t sick, wi (ji, se) -t uns (juuch, sick); Vg. ick (he) verwunner mi (sick), du -st di, wi (ji, se) -st uns (juuch, sick), *dat verwunnert di?*
verzärtelt, treersch
verzehren, swv., vertehren, ick vertehr, du -st, he -t, wi (ji, se) vertehrt; Vg. ick (he) vertehr, du -st, wi (ji, se) -en; 2. Part. vertehrt
verzweigen, sich, swv., twelen, *de Boom tweelt sick;* 2. Part. tweelt
Vesper (Imbiß) auch: Gottesdienst, s., Vesper, Vespertiet, Mz. -tieden
vespern, Mahlzeit einnehmen, swv., vespern, wi vespert
Vetter, m., Vedder, Mz. -n
Vieh, s., Veeh, *dat Veehtüüch is utbraken*
Viehhändler, Aufkäufer, m., Upköper, Mz. -s
viel, veel, vele
viele Worte machen, schwelgen, schwärmen, swv., swögen, ick swöög, du -st, he -t, wi (ji, se) -t; Vg. ick (he) swöög, du -st, wi (ji, se) swögen; 2. Part. swöögt
vielleicht, amenn, villicht, sachs, *dat wart sachs so kamen*
vier, veer, veerteihn, veertig, de veerte
Viertel, s., Veerdel, Viddel, Veddel, Mz. -s
violett, vigelett
visitieren, swv., visiteren, -teern, 2. Part. -teert
Vogel, m., Vagel, Mz. -s
Vogelbeerbaum, m., Quitsch, Mz. -en
Vogt, m., Vaagt, Mz. Vöögt
voll, übervoll, vull, buukt
Volksmenge, w., Minschheit
von, af, von, vun, von'n, von't
vor, vör
Vorahnung, Erscheinung, Vorspuk, m., Vörlaat
Vorarbeiter, m., Stootgesell, Mz. -en
vorbei, vörbi
vorige, vörige, *ehr vörige Mann döch nix*
Vordiele, Hausdiele, m., Vördeel, Mz. -delen
voreilig, unruhig, jiddelig
Vor- und Frühzeit, w., Ooldingstiet
vorgestern, ehrgistern, -güstern, vörgistern
vorher, vörher, de vörste
vorhin, eerst, *du hest dat even eerst to mi seggt*
Vorland, der Flut ausgesetzt, Mz. Schallen
vorlaut, wiessnutig, *wees nich so wiessnutig*
Vormittag, m., Vörmiddag
vormittags, vörmiddags
vorabends, vernavends
vornehm, vörnehm
vornehm tuend, unangenehm, fies
Vorrede, w., Vörreed, Mz. -reden
Vorschein, zum V. kommen, Vörschien, vertüüch kamen

Vorsicht, w., Vörsicht, Kiekut
vorteilhafte Anstellung, s., Baantje, Mz. -s, *do hest 'n Baantje kregen*
vorwärts, vörwarts, vörnt

W

Waage, w., Waag, Mz. Wagen
Waagebalken am Soot, Brunnen, m., Wiegelwagelboom, Mz. -bööm
Waagschale, w., Waagschaal, Wachtschaal, Mz. -schalen
wabbelig, wabbelig
wach, waak
Wache, w., Wach(t), Mz. -en
wachen, wachsam sein, swv., waken, ick waak, du -st, he -t, wi (ji, se) -t; Vg. ick (he) waak, du -st, wi (ji, se) waken; 2. Part. waakt
Wacholder, m., Machandel, de Machendelboom
Wachs, s., Waß
wachsen, gedeihen, stv., wassen, ick waß, du waßt, he waßt, wi (ji, se) waßt; Vg. ick (he) wuß, du wußt, wi (ji, se) wussen; 2. Part. wussen
Wachstuch, s., Waßdook, Mz. -döker
wackeln, swv., wreilen, 2. Part. wreilt; swv., jackeln, *dat jackelt as verrückt,* 2. Part. jackelt (auch: rütteln, schütteln)
Wade, w., Waad, Mz. Waden
wägen, wiegen, stv., wegen, ick weeg, du wiggst, he wiggt, wi (ji, se) weegt; Vg. ick (he) woog/wöög, du wöögst, wi (ji, se) wögen; 2. Part. wagen
wählerisch beim Essen, krüüsch, *du büst avers krüüsch/krüütsch*
während des Tages, daags, daagsöver
wälzen, swv., wöltern, weltern, 2. Part. wöltert, weltert, *he is bi un wöltert den Steen weg*
Wärme, w., Warms, Warmte
-wärts, -warts, henwarts, trüchwarts
Wäsche, w., Wasch, Wäsch, Bett-, Ünnerwäsch
Wäscheklammer, w., Knieper, Mz. -s
Waffen, Mz. Wapen
Wagen, m., Wagen, Waag, Mz. Wagen
Wagenbrett, w., Fleek, Mz. Fleken, Mißfleek
Wagenrunge, w., Rung, Mz. -en, Wagenrung
Wagenspur, w., Traad, Mz. Traden
Wagnis, s., Ümtüür
Wahl, w., Wahl, Mz. -en
wahr, wohr
Wahrheit, w., Wohrheit, Mz. -en
wahrhaftig, wohrhaftig, wohrraftig, (Ang. minsandt, *dat is minsandt wohr*)
wahrsagen, swv., wohrseggen, he seggt wohr
Wahrzeichen, s., Wohrteken, Mz. -s
Wald, s., Holt, m., Woold, Mz. -en, *wi gaht to Holt*
Waldmeister, Möösch, Möschen, Müschen
Wallach, m., Wallach, Wallack, Mz. -en; Paag, Mz. Pagen; Ruun, Mz. -s

Walnuß, w., Wallnutt, Mz. -nööt
Walze, w., Wülp, Wült, Mz. -en
Wams, Rumpf, m., Rump, Mz. Rümp, Rümpen
Wand, w., Wand, Mz. Wannen, Wännen
Wandbekleidung aus Holz, s., Paneel
Wandbett, m., Alkoven, Mz. -s; Alkoov, Mz. -s
wandern, swv., wannern, ick wanner, du -st, he -t, wi (ji, se) -t; Vg. ick (he) wanner, du -st, wi (ji, se) -; 2. Part. wannert
wanken, schwanken, torkeln, geschehen, swv., wanken, dat wankt, 2. Part. wankt, *do wankt wat* = da ist etwas los
wann, (Fragepronomen), wonehr, wannehr, wennehr, wanneer, wann
Wanne, w., Balje, Ballich, Mz. -n, -en
Wanze, Zecke, w., Wanz, Mz. -en, Teek, Mz. Teken
Wappen, s., Wapen, Mz. -s
war, ich, ick weer, **waren,** weern, weren
Ware, w., Woor, Mz. Woren
Ware, minderwertige, m., Kraam, Kraamstücken
warm, warm, warmer, an 'n warmsten
warnen, swv., wohrschuun, -schugen, -schoon, ick wohrschuug/-schu, du -st, he wohrschuut, wi (ji, se) wohrschuut; Vg. ick (he) wohrschuu, du -st, wi (ji, se) wohrschuun; 2. Part. wohrschuut
warte, tööv
warten, verweilen, swv., töven, töben, ick tööv, du -st, he -t, wi (ji, se) töövt; Vg. ick (he) tööv, du -st, he -t, wi (ji, se) töven, 2. Part. töövt
warum, weshalb, worüm
Warze, w., Woort, Mz. Worten
was, wat, *wat 'n Malöör*
waschen, stv., waschen, ick wasch, du -st, he -t, wi (ji, se) wascht; Vg. ick (he) wüsch/wusch, du -st, wi (ji, se) -en; 2. Part. wuschen; w., Waschbalje, -balge, s., Waschbrett, w., Waschfru, w., Waschmaschien, w., Wasch = Waschstelle und Wäsche
Wasser, s., Water
Wasser lassen, urinieren, Water laten, miegen, he miggt; Vg. he meeg, 2. Part. megen; pissen, he pißt, 2. Part. pißt; strullen, 2. Part. strullt
Wasser schöpfen, swv., düpen, ick düüp, du -st, he -t, wi (ji, se) -t; Vg. ick (he) düüp, du -st, wi (ji, se) düpen; 2. Part. düüpt
Wasserlauf, s., Fleet, Mz. Fleten; m., Priel, Mz. -en
Wasserloch, s., Waterlock, Mz. -löcker; w., Wehl, Mz. -en
Wasserkante, w., Waterkant
Watt, s., Watt
weben, flechten, swv., weben, weven, ick weev, du -st, he -t, wi (ji, se) -t; Vg. ick (he) weev, du -st, wi (ji, se) weven; 2. Part. weevt; *se weevt 'n Teppich*
Weber, m., Wever, Mz. -s
Webstuhl, m., Weevstohl, Mz. -stöhl
wechseln, tauschen, swv., wesseln, ick wessel, du -st, he -t, wi (ji, se) -t; Vg. ick (he) wessel, du

-st, wi (ji, se) -n; 2. Part. wesselt, *wi wesselt dat Geld up de Kass*
Weg, m., Weg, Weeg
weg, weg
Weg, Fußweg, m., Stieg, Mz. Stiegen
Weg, ansteigender, m., Anbarg
Weg, schmaler, m., Padd, Mz. -en
wegen, wegen
Wegweiser, m., Wiespahl, Mz. -en; m., Krüüzpahl, Mz. -en
wehen, swv., weihen, dat weiht, 2. Part. weiht
weh tun, stv., weh doon, ick do di weh, du deist mi weh, he deit di weh, wi (ji, se) doot em weh; Vg. ick dee, du deest, he dee, wi (ji, se) deen; 2. Part. daan
wehren, sich, hindern, abwehren, swv., wehren, he wehrt sick, wi wehrt uns; 2. Part. wehrt
Wehr, Staudamm, s., Wehr; **Abwehr, Verteidigung,** w., Wehr, Bundeswehr
Weib, s., Wief, Mz. Wiever
Weibchen, s., Seken, Mz. -s
weich, musig, week, mosig
weichen, aufweichen, swv., weken, dat weekt up, 2. Part. weekt
weichen, weggehen, swv., wieken, ick wiek, du -st, he -t, wi (ji, se) -t; Vg. ick (he) wiek, du -st, wi (ji, se) -en; 2. Part. wiekt; *wer nich will dieken, de mutt wieken*
Weide, w., Weid, Mz. -en
Weide, Salix (Busch), w., Wichel, Mz. -en, *du kriggst wat mit de Wichel*
Weihnachten, Wiehnachten, -avend, Wiehnachtsavend
Weihnachtsmann, Christkind, m., Wiehnachtsmann, Kindjees, Kinjees, Kujees
Weile, w., Wiel, *mit de Wiel*
Wein, m., Wien, *du kannst mi reinen Wien inschenken*
weinen, swv., wenen, ick ween, du -st, he -t, wi (ji, se) weent; Vg. ick (he) ween, du -st, wi (ji, se) wenen; 2. Part. weent
Weise, Art und Weise, w., Wies, *dat is keen Oort un Wies*
weise, klug, wies, wies warrn, *dat warrst du wies*
Weißbuche, w., Häböök, Mz. -böken
weiß, witt
weißhaarig, witthoort
weißen, kalken, swv., wittschen, wittschern, *he wittscht de Wand;* 2. Part. wittscht
weißschnäuzig, wittsnutig
weit, wiet, wiede, *he kickt över't wiede Land*
weit, groß, geräumig, ruum
weiter, weiterhin, fürder, fürderhen
weitläufig, wietlöftig
Weizen, m., Weten, Weet, *de Weet (Weten) is riep*
Weizenbrot, m., Wetenstuten, **Weizenernte,** w., Wetenoorn
welche, einige, welke, wecke, welkemal
welcher, welk, welke, welkeen, wokeen
Welle, Woge, w., Bülg, Mz. Bülgen; w., Wach, Wagg, Mz. -en
Welling (Milchsuppe), m. Welling
Welpe, m., Welp, Mz. -en
Wende, w., Wenn, Mz. -en; w. u. m., Dreih, *he hett de Dreih kregen*

wenden, swv., wennen, ick wenn, du -st, he -t, wi (ji, se) -t; Vg. ick (he) wenn, du -st, wi (ji, se) -en; 2. Part. wennt; *dreihen, dreih di um,* 2. Part. dreiht

wenig, wenig

wenigstens, tominnst

wenn, wann, wenn

wer, wokeen, keen, woll, *wokeen hett dat daan? Woll hett dat daan?*

werben, anwerben, swv., warven, ick warv, du -st, he -t, wi (ji, se) -t; Vg. ick (he) warv, du -st, wi (ji, se) -en; 2. Part. warvt

werden, stv., warrn, warden, ick warr, du -st, he -t, wi (ji, se) warrt; Vg. ick (he) wöör/woor, du -st, wi (ji, se) wörrn; 2. Part. worrn

werfen, schmeißen, schleudern, stv., smieten, ick smiet, du smittst, he smitt, wi (ji, se) smiet; Vg. ick (he) smeet, du -st, wi (ji, se) smeten; 2. Part. smeten

Werft, w., Warft, Mz. -en, Warft auch: Wohnhügel in der Marsch

Werg, aus, heden

Werk, Betrieb, s., Wark, Mz. -en

Werkstelle, w., Warksteed, Mz. -steden

Werktag, m., Warkeldag, -daag, Alldag, -daag

werktags, alldags

wert, wert, *dat is't weert*

Wert, der, m., Weert, Mz. -e

Weser (Fluß), Wesser, Werser

Wespe, w., Weeps, Wääps, Mz. -en; Waus, Vaus, Mz. -en; w. Wispel, Mz. -n

Weste, w. u. m., West, Mz. -en

Westen (Himmelsrichtung), West, Westen, westwarts, *westen dat Dörp*

Wette, w., Wett, Mz. -en

wetten, swv., wetten, ick wett, du -st, he -t, wi (ji, se) -; Vg. ick (he) wett, du -st, wi (ji, se) -en; 2. Part. wett

Wetter, s., Wedder, Unwedder

wettlaufen, *üm de Wett lopen,* wettlopen

wetzen, swv., wetten, *he wett dat Meß*

Wicht, s., Wicht, Mz. -er; m., Spucht, Mz. -en

wichtig, wichtig

widerlich, wedderig, wedderlich

Widerrist bei Zugtieren, m. u. w., Schuft, Schuff, Mz. -en

widerspenstig, wedderböstig

Widerwillen, m., Weddersinn, *ick heff 'n Weddersinn gegen em*

wie, as, wasück, wosück, woans, wodennig, *wodennig hest du dat maakt?*

wieder, wedder

wiederkäuen, swv., edderkauen, *de Koh edderkaut*

Wiedersehen, das, s., Weddersehn

Wiedersehen, auf, adjüüs, adüüs

Wiege, w., Weeg, Mz. Wegen

wiegen, wägen, stv., wegen, weigen, ick weeg, du weegst/wiggst, he weegt/wiggt, wi (ji, se) weegt; Vg. ick (he) woog/wöög, du -st, wi (ji, se) wögen; 2. Part. wagen

wiehern, swv., wrinschen, *de Peer in Stall wrinscht so*

Wiese, w., Wisch, Mz. -en

wild, wild, wille, *de wille Roos blöht*

Wilde Rose, m., Wiepeldoorn, Wepel, Mz. -doorns

Wildfang, m., Rietenspliet, *du bist jo 'n richtigen Rietenspliet*
wimmern, swv., wemern, *dat Kind wemert,* 2. Part. wemert
Wind, m., Wind, Mz. Winnen
Winde, Sackwinde, w., Winn, Mz. -en
winden, hochwinden, stv., winnen, ick winn, du -st, he -t, wi (ji, se) winnt; Vg. ick (he) wunn, du -st, wi (ji, se) -en; 2. Part. wunnen (winnen auch: siegen); swv., hieven, ick hiev, du -st, he -t, wi (ji, se) -t; Vg. ick (he) hiev, du -st, wi (ji, se) -en; 2. Part. hievt
Windeln, Mz. Luren
Windelbaum, m., Binnelboom, Pulterboom, Winnelboom, Weesboom, Mz. -bööm; s., Punter, Ponter, Mz. -s
Windstoß, w., Bö, Mz. -en
Winkel, Ecke, w., Huuk, Mz. Huken, *he sitt in de Huuk* = er hat sich hingehockt; m., Oort, Mz. Öör, Öörd
Winkel auf Dachboden, Abseite, m., Oken, Auken, Mz. -s
Winkelmaß, Biegung, w., Smieg, Mz. -en
winken, Zeichen geben, swv., wenken, winken, ick wink, du -st, he -t, wi (ji, se) -t; Vg. ick (he) wink, du -st, wi (ji, se) -en; 2. Part. winkt, wenkt
winseln, wimmern, jammern, swv., jaulen, *de Hund jault so, jaul doch nich so!* 2. Part. jault
Winter, m., Winter, Mz. -s
Wipfel, Spitze, m., Topp, Mz. -en
wippen, schaukeln, swv., wippen, wüppen, ick wipp, du -st, he -t, wi (ji, se) -t; Vg. ick (he) wipp, du -st, wi (ji, se) -en; 2. Part. wippt
Wippsteert (Bachstelze), w., Wippsteert, Blauwippsteert
Wirbel, m., Küsel, Küssel, Warwel, Mz. -s
wirbeln, swv., küseln, *de Bläder küselt,* 2. Part. küselt
wir, wi
wir wurden, wi wörrn, wurrn
wirr, dösig, bleierig
Wirrwarr, m., Himphamp
Wirrwarr, Durcheinander, w., Sneerkraam, *dat is 'n dullen Sneerkraam*
Wirt (Gastwirt), m., Weert, Mz. -en; Kröger, Mz. -s
Wirtshaus, m., Kroog, Mz. Kröög
Wisch aus Stroh, w., Waas, Mz. Wasen; Wiep, Strohwisch, Mz. -en
Wischtuch, Schüsseltuch, m. u. s., Faatdook, Faadook, Mz. -döker
wissen, stv., weten, ick weet, du weetst/weeßt, he weet, wi (ji, se) weet; Vg. ick (he) wüß/wüss/wuss, du -t, wi (ji, se) -en; 2. Part. wüßt, weten
Wissenschaft, w., Wetenschop
Witwe, w., Wittfro, Wittfru, Weetfru, Mz. -fruens
Witwer, m., Wittmann, Wettmann, Mz. -männ
wo, woher, woneem, 'neem
Woche, w., Week, Mz. Weken; w., Wuch, Woch, Mz. -en, *he kümmt disse Wuch*
Woge, Welle, w., Wach, Wagg, Mz. -en; w., Bülg, Mz. -en
wohl, woll
wohl, vielleicht, sachts, sachs, sa-

chens, *dat lett sick sachts seggen, avers dat is ganz anners*

wohlbeleibt, völlig, *se is wat völlig*

Wohlbefinden, Behagen, Lust, w. u. m., Weel, Wehl

wohlaussehend, *he süht goot ut,* glau (glau auch: glänzend, hell, klug, gewitzt, liebenswürdig)

wohnen, swv., wahnen, ick wahn, du -st, he -t, wi (ji, se) -t; Vg. ick (he) wahn, du -st, wi (ji, se) -en; 2. Part. wahnt

Wohnstube, w., Wahnstuuv, Mz. -stuven

Wohnung, w., Wahnung, Mz. -en

Wolf, m., Wulf, Mz. Wülv

Wolke, w., Wulk, Mz. -en

wollen, stv., willen, wullen, wüllen, ick will, du wullt, he will, wi (ji, se) wüllt; Vg. ick (he) wull, du -st (wußt), wi (ji, se) -en; 2. Part. wullt

Wollstrumpf, m., Haas, Mz. Hasen

Wort, s., Woort, Mz. Wöör

Worte, viele W. machen, swv., swogen, he swoogt, 2. Part. swöögt

wrangeln, balgen, swv., wrangeln, ick wrangel, du -st, he -t, wi (ji, se) -t; Vg. ick (he) wrangel, du -st, wi (ji, se) -n; 2. Part. wrangelt; *wat wrangelt ji rum?*

wringen, stv., wringen, ick wring, du wringst, he wringt, wi (ji, se) wringt; Vg. ick (he) wrung, du -st, wi (ji, se) -en; 2. Part. wringt

Wucher, m., Woker

Wucherblume, w., Wokerbloom

wühlen, swv., wöhlen, ick wöhl, du -st, he -t, wi (ji, se) -t; Vg. ick (he) wöhl, du -st, wi (ji, se) -en; 2. Part. wöhlt

Würfel, m., Tardel, Mz. -s, -s

würgen, schwer arbeiten, swv., wörgen, *se wörgt an dat Fleesch, he wörgt up dat Land*

wüst, wööst, *wööst un leer*

wütend, füünsch, wreed, wredig

wütend reden, swv., zackereren, -reern, *se zackereert as 'n Düvel*

Wunde, w., Wunn, Mz. -en

Wunder, s., Wunner, Mz. -

wunderbar, wunnerbor

wunderlich reden, *he snackt wunnerli(ch)*

Wurf, Schuß, m., Schööt, Mz. Schöten

Wurf, m., Smeet, Mz. -; m., Worp, Mz. Wörp

Wurm, m., Worm, Mz. Wörm

Wurzel, Möhre, w., Wörtel, Wöttel, Mz. -s

Wut, w., Woot; **Erregung,** w., Braß, Brass, *do keem he avers in de Brass*

Z

zäh, taach, *he is 'n tagen Gesell*

zählen, aufzählen, swv., tellen, ick tell, du -st, he -t, wi (ji, se) -t; Vg. ick (he) tell, du -st, wi (ji, se) -en; 2. Part. tellt

Zahl, w., Tall, Mz. -en

zahm, tamm, *he is avers tamm worrn*

zahm, brav, fraam, frame

Zahn, m., Tähn, Mz. -en, -s, w., Tähnpien = Zahnschmerzen, m., Tähnbreker = Zahnarzt, s., Tähnwehdaag

Zahnfleisch, s., Tähnfleesch; s. u. m., Gagel
Zange, w., Tang, Mz. -en
Zapfen, m., Tapp, Mz. -en
zappeln mit den Füßen, swv., tillföten, he tillfööt, zierlich gehend = tillföötsch
zart, fein, fien, *'n fiene Deern,* auch: *'n feine Deern;* zort
zart, mürbe, rööd, röög, möör
zaubern, swv., tövern, *de ole Hex tövert*
Zauberin, w., Töversche, Mz. -n
Zauberin, Hexe, w., Wickersche
Zauberfluch, m., Töverflöök, Mz. -flöken
zaudern, zögern, swv., tögern, ick töger, du -st, he -t, wi (ji, se) -t; Vg. ick (he) töger, du -st, wi (ji, se) -n; 2. Part. tögert
zögernd, tögerig
Zaum, m., Toom, Mz. Tööm; Tögel, Mz. -s
Zaun, m., Tuun, Mz. Tüün, *he is bi un klippt de Tuun*
Zaun, Verschlag, Planke, m. u. w., Glind, Mz. -en
zausen, swv., tusen, *de Wind tuust in mien Hoor,* tuseln, tusseln
zerzaust, tusselig, *wat bist du tusselig*
Zecke, w., Teek, Mz. Teken
Zehe, w., Tehn, Töhn, Mz. -
zehn, teihn, tein, *kumm man um Klock teihn*
zehren, swv., tehren, ick tehr, du -st, he -t, wi (ji, se) -t; Vg. ick (he) tehr, du -st, wi (ji, se) -en; 2. Part. tehrt; *he tehrt noch vun dat, wat he lehrt hett*
Zeichen, s., Teken, Mz. -s
zeichnen, malen, swv., teken, ick teek, du -st, he -t, wi (ji, se) teekt; Vg. ick (he) teek, du -st, wi (ji, se) teken; 2. Part. teekt, auch: ick teken, du tekenst usw.
Zeit, w., Tiet, Mz. Tieden; **zeitweise,** tietwies, stootwies, bi Tieden
zeitig, tiedig in 't Vörjohr
Zeitung, w., Tieding, s., Tiedenblatt, s., Keesblatt, s., dat Blatt, de Narichten
Zeit seines Lebens, siendaag, tietlevens
Zeitvertreib, m., Tietverdrief
Zeitvertreib, zum, paßlatant
Zelt, s., Telt, Mz. -en
Zement, m., Sement
zerren, swv., tarren, ick tarr, du -st, he -t, wi (ji, se) -t; Vg. ick (he) tarr, du -st, wi (ji, se) -en; 2. Part. tarrt, auch: tasen, ick taas, du -t, he -t, wi (ji, se) -t; Vg. ick (he) taas, du -t, wi (ji, se) tasen; 2. Part. taast; wrucken, 2. Part. wruckt, auch: schwer arbeiten, streiten, wrucksch = mürrisch, unwirrsch
zerbrechen, stv., tobreken (besser: tweibreken), ick tobreek, du tobrickst, he tobrickt, wi (ji, se) tobreeckt; Vg. ick (he) tobrook, du -st, wi (ji, se) tobroken; 2. Part. tobroken
zerfahren, biesterig, biester, *he is biester*
zerlumpt, ärmlich, pulterig
zermahlen, fein, swv., mulmen, mulmig
zerstören, tonicht maken
zerstreut, fahrig, fohrig, *wat büst du bloots fohrig*
zetern, swv., sackereern, ick sakkereer, du -st, he -t, wi (ji, se) -t;

Vg. ick (he) sackereer, du -st, wi (ji, se) -en; 2. Part. sackereert

Zettel, m., Seddel

Zeug (zum Anziehen), s., Tüüch

Zeug, abgerissenes Stück, s., Slunt, Mz. -en

Zeug, wertloses, Mz. Backbeern

Zeuge, m., Tüüg, Mz. Tügen

zeugen, bezeugen, als Zeuge auftreten, swv., tügen, ick tüüg, du -st, he -t, wi (ji, se) tüügt; Vg. ick (he) tüüg, du -st, wi (ji, se) tügen; 2. Part. tüügt

Zeugnis, s., Tüügnis, Tüüchnis, Tügnis

Ziege, w., Zeeg, Seeg, Mz. Zegen, Segen

Ziegel, m., Tegel, Tegelsteen, Mz. -s und -stenen

Ziegelei, w., Tegelee, Mz. -n

Ziegenbock, m., Zegenbuck, -bock, Mz. -bück, -böck

ziehen, dehnen, stv., trecken, ick treck, du -st, he -t, wi (ji, se) treckt; Vg. ick (he) trock/tröck, du -st, wi (ji, se) trocken/tröcken; 2. Part. trocken

ziehen (Zugluft), swv., tochen, dat tocht, *maak de Mund to, dat tocht*

ziehen, fort-, um-, ab-, auf-, er, stv., tehn, ick teh, du tüggst/tüchst, he tüggt/tücht, wi (ji, se) teht; Vg. ick (he) togg/töög, du -st, wi (ji, se) togen/tögen, 2. Part. tagen/togen

zieren, sich, swv., teren, tieren, ick tier mi, du -st di, he -t sick, wi (ji, se) -t uns (juuch, sick); Vg. ick (he) tier mi (sick), du -st di, wi (ji, se) -en uns (juuch, sick); 2. Part. tiert

ziemlich, orrig, teemlich

Zigarre, w., Sigarr, Zigarr, Mz. -en

Zigarette, w., Sigarett, Zigarett, Mz. -en

Zigeuner, m., Tater, Mz. -n

Zimmer, dumpfes, s., Kabuff, Mz. -s

Zimmerdecke, Dachboden, m., Böhn, Mz. -s

Zimmer, das Gezimmerte, s., Timmer, *de Timmer is noch good*

Zimmermann, m., Timmermann, Mz. -lüüd

zimmern, swv., timmern, ick timmer, du -st, he -t, wi (ji, se) timmert; Vg. ick (he) timmer, du -st, wi (ji, se) -n; 2. Part. timmert

Zinke (von der Forke), w., Tinn, Mz. -en

zinnern, aus Zinn, tinnern, tinnen

Zins, m., Zins

Zipfel, m., Slipp, Mz. Slippen, Slipp auch: Gleitbahn

Zirkel, m., Passer, Mz. -s

zirpen, swv., jiepen, se jiept, 2. Part. jiept

Zitrone, w., Zitroon, Mz. -onen

Zittern, das, Bever, *he hett 'n Bever*

zittern, swv., bevern, ick bever, du -st, he -t, wi (ji, se) bevert; Vg. ick (he) bever, du -st, wi (ji, se) -n; 2. Part. bevert

zitterig, beverig, tatterig

Zitze, Brust, Titt, Tittbuddel

zögern, langsam arbeiten, swv., trödeln, dröteln, *wat drötelst du bloots,* 2. Part. drötelt

zögernd, zögerlich, tögerig

Zoll (Maßeinheit), m., Toll

Zoll, Abgabe, m., Toll, Mz. Töll

Zorn, m., Raasch

Zopf, m., Zopp, Mz. Zöpp

zu, to, to 'n, to 't
zubinden, stv., tobinnen, ick binn to, du -st, he -t, wi (ji, se) binnt to; Vg. ick (he) bunn, du -st, wi (ji, se) bunnen (to); 2. Part. tobunnen
zuckeln, langsam fahren, swv., zuckeln, *wi zuckelt langsam to Stadt,* suckeln
Zuckeltrab, m., Zuckeldraff, Sukkeldraff
Zucker, m., Zucker, Sucker
zuerst, eerst, toeerst, to 'n eersten
Zügel, m., Tögel, Mz. -s
Zündholz, m. u. s., Swevelsticken, Rietsticken, Mz. -s
Zufall, m., Tofall, Mz. -fäll
zufällig, tofällig
zufassen, zupacken, helfen, swv., tofaten, ick faat to (siehe fassen = faten), *faat mal mit an*
Zuflucht, w., Schuul, *he söcht Schuul ünner den Boom, he schuult ünner den Boom*
zufrieden, tofreden, *ick bün tofreden mi di*
Zug (Eisenbahn), m., Tog, Mz. Töög
Zuggraben, m., Toggraven, Mz. -s
zugleich, togliek
zugreifen, schnell, haschen, raffen, swv., grapsen, grapschen, *he grapscht avers to;* stv., griepen (s. greifen)
zuhauf, zusammen, tohoop, altohoop; **zusammentun,** tohoopdoon
Zukunft, w., Tokunft
Zulauf, m., Toloop, Mz. -lööp
Zulage (Gehaltszulage), w., Tolaag, Mz. -lagen
zulassen, leiden, dulden, stv., lieden, ick lied, du littst, he litt, wi (ji, se) liedt; Vg. ick (he) leed, du -st, wi (ji, se) leden; 2. Part. leden; *ick lied dat nich, dat du ehr nalöppst*
zumeist, tomeist
Zuname (Familienname), m., Tonaam (-noom), Mz. -namen
Zungenband, s., Kekelreem (Riemen für die Zunge, auch: scherzhafte Bezeichnung für einen, der sehr schnell spricht)
zunichte machen, tonicht maken, toschann maken (maken s. machen)
zupaßkommen, gerade richtig kommen, topass kamen, *dat kümmt mi topass*
zupfen, zerren, swv., tocken, toggen, *se toggt an ehr Kleed*
zurecht, torecht, trecht, *dat is di torecht passeert*
zurechtkommen, tokehr kamen, *ick kaam domit tokehr*
zurechtweisen, auch züchtigen, prügeln, swv., krans-, kranzheistern, 2. Part. kranzheistert
zur Not, tonoot, *dat kann tonoot angahn*
zurückhalten, swv., torüchholen, trüchhollen, ick holl, du höllst, he höllt, wi (ji, se) hollt ...(mi, di, sick, uns, juuch) ...trüch; swv., düllen, *ick kann mi düllen*
Zurückstellung, m., Utstand, Mz. -ständ
zusammen, tohoop, -hopen, tosaam, tosamen, *wi all tohoop*
zusammensammeln, swv., raken, ick raak, du -st, he -t, wi (ji, se) raakt; Vg. ick (he) raak, du -st, wi (ji, se) raken; 2. Part. raakt

Zusicherung, Gewißheit, w., Wißheit, Wissheit
zuschanden machen, kaputt machen, toschann maken, 2. Part. maakt, toschannen maken, *he hett mi allens toschann maakt*
Zustand, m., Tostand, Mz. -ständ
zuständig, tostännig, *du bist nich tostännig*
Zustand, guter, Beschaffenheit, m., Schick, *se is goot bi Schick*
zutrinken, stv., Bescheed doon (s. doon)
zuweilen, ab und zu, mitto
Zwang, m., Dwang
zwanzig, twintig, de twintigste
zwei, twee, tweeuntwintig, de twete
Zweifel, m., Twievel, Mz. -s, *ick heff so mien'n Twievel*
Zweig, auch: Familienzweig, m., Twieg, Mz. -en; m., Toog, Mz. Töög, Tögen, *he stammt ut'n anner'n Twieg/Toog*
zweigen, swv., twiegen, 2. Part. twiegt
Zwerg, m., Dwarg, Mz. -en
Zwicke, Hacke, w., Twick, Mz. Twicken; Hack, Mz. Hacken
Zwieback, m., Tweeback, Maschüten
Zwiebel,w., Sibbel, Zippel, Zipoll, Mz. -s; Schalott, Mz. -en
Zwielicht, s., Tweedüster, auch: **Dämmerung, halbes Licht,** Haallicht
Zwilling, m., Tweschen, Tweeschen, Tweschenbroder, -süster, -swester
zwingen, stv., dwingen, ick dwing, du -st, he -t, wi (ji, se) dwingt; Vg. ick (he) dwung, dwüng, du -st, wi (ji, se) -en; 2. Part. dwungen
zwinkern, mit den Augen, swv., kniepögen, *wat kniepöögst du denn,* 2. Part. kniepöögt
Zwirn, m., Tweern
zwischen, twischen, twüschen, tüschen, mang, middemang, *Mudder sitt mang de Hansbeern*
zwölf, twölf, de twölfte